Christian Kössler

INNSBRUCKER TOTENTANZ

12 makaber-dunkle Kurzgeschichten

Mit einem Nachwort
von Helmuth Schönauer

Edition BAES

Bibliographische Informationen der Deutschen Bibliothek
Die Deutsche Bibliothek verzeichnet diese Publikation in der Deutschen Nationalbibliographie; detaillierte bibliographische Daten sind im Internet unter htp://dnb.ddb.de abrufbar.

Innsbrucker Totentanz. 12 makaber-dunkle Kurzgeschichten.

Verlag:
Edition BAES
Am Weingarten 15
A-6170 Zirl
www.baescartoons.at

Cover-Foto/Gestaltung/Satz: Thosch / Kulturrebellen Productions
Nachwort: Helmuth Schönauer
Herstellung: Books on Demand GmbH, Norderstedt

ISBN-Nr. 978-3-9502705-1-8

Zirl 2009

Christian Kössler - Innsbrucker Totentanz

Edition BAES

Die 12 makaber-dunklen Kurzgeschichten:

PROLOG

„Gesundheit!“

„Oh, vielen Dank. Tja, das gehört eben zum Schicksal eines Innsbruckers dazu. Man läuft praktisch das ganze Jahr über Gefahr, sich einen ordentlichen Schnupfen einzufangen. In unserer Stadt ist vieles konstant, nur eines nicht: Das Wetter!“

„Aber sie arbeiten oder leben doch bestimmt gerne hier, junges Fräulein?“

„Natürlich. Innsbruck ist ein herrlicher Ort. Ein teures Pflaster zum Wohnen, aber schön. Und an das Klima gewöhnt man sich irgendwann... Aber verzeihen sie, dass ich so abschweife. Kann ich ihnen eigentlich behilflich sein?“

„Ich denke schon. Wissen sie, ich bin heute hier angekommen und habe am Abend einen, sagen wir, geschäftlichen Termin. Bis dahin würde ich mir ganz gerne die Stadt ansehen, mich gemütlich an den Inn setzen und in einem Buch schmökern. Und da dachte ich, sie könnten mir als Buchhändlerin vielleicht eine Empfehlung...“

„Natürlich. Aber ein paar Hinweise müssen sie mir schon geben. Soll es ein Reiseführer sein, ein Roman? Etwas Heiteres oder Nachdenkliches?“

„Also auf gar keinen Fall irgendeine Betroffenheitsliteratur, wie das jemand einmal so treffend ausgedrückt hat. Nun, ich würde ganz gerne etwas über Innsbruck lesen. In Kurzgeschichten portioniert, leicht und fein. Vielleicht sogar mit einem Hang zum Makaberen, Übersinnlichen. Da haben sie doch bestimmt etwas für mich...“

„Selbstverständlich. Warten Sie... So, bitte sehr. Ganz neu bei uns, fast druckfrisch: „Innsbrucker Totentanz“ von Christian Kössler, einem hiesigen Autor. Zwölf dunkle und makabere Kurzgeschichten. Das passt doch geradezu perfekt, oder?“

„In der Tat. Das klingt wirklich interessant. Ich kenne diesen Herrn Kössler zwar nicht, aber ich verlasse mich ganz auf ihr fachmännisches Urteil. Bin schon sehr gespannt. Was macht es bitte aus?“

„€ 9,90! Brauchen sie ein kostenloses Plastiksackerl?“

„Ja, bitte, das wäre sehr nett... Also dann, recht vielen Dank für die freundliche Bedienung und auf Wiedersehen!“

„Auf Wiedersehen. Und passen sie gut auf sich auf... wegen dem Totentanz...!“

„Seien sie vorsichtig, Mädchen! Seien sie vorsichtig! Der Teufel tanzt schneller mit einem, als man meint!“

1

Hoetting

Solarium und Sonnencreme

Es liegt auf der Hand, dass Innsbruck, umgeben, ja fast umzingelt von Bergen, nicht für jede Sehenswürdigkeit eine eigene Autobahnausfahrt bieten kann. Und auch die Parkplatzressourcen sind, zugegebenermaßen, wirklich äußerst beschränkt. Ein Faktum, das sich auch in Zukunft nicht wirklich entscheidend ändern wird.

Nun gibt es aber auch Glücksfälle. Der Alpenzoo, seines Zeichens höchstgelegener Zoo Europas, hatte lange Zeit mit einer notorischen Stellflächenproblematik zu kämpfen. Kein Wunder. 1961 eröffnet, passieren im Schnitt 300.000 Besucher jährlich die Drehkreuze bei der Weiherburg, um über 250 verschiedene Tierarten hoch über Innsbruck zu bestaunen. Dass dabei nicht jedermann zu Fuß oder mit einem öffentlichen Verkehrsmittel kommt, hat die Parkplatzsituation ziemlich verschärft.

Nach einem „Facelifting" der Sophienruhe gibt es jetzt deutlich mehr Möglichkeiten, seinen fahrbaren Untersatz abzustellen, die neue Hungerburgbahn ist nun auch öfter unterwegs als ihre Vorgängerin und soll damit auch ihren Beitrag leisten, das Verkehrschaos vor dem Kassenschalter in Grenzen zu halten. Und so zieht es immer wieder neues Publikum in den Alpenzoo.

Es ist ein schöner Vormittag im Januar und die Sonne breitet ihre Strahlen mild über die Landeshauptstadt aus. Der Immobilienmakler Günter Ennemoser wartet beim Wolfsgehege auf seinen Kunden, einen reichen ausländischen Geschäftsmann, der sich für ein Haus in Innsbruck interessiert. Ein ziemlich lukratives Geschäft, für das der Günter viel, sehr viel Zeit investiert hat. Zeit, die sich lohnen wird. Da ist er sich sicher.

Eine Gruppe von etwa einem Dutzend Leute hat unten beim Fischotter Stellung bezogen und unterhält sich in einer fremden Sprache, die Ennemoser nicht wirklich einordnen kann. Er beobachtet, wie einem der Touristen eine Karte aus der Jackentasche fällt. Im gleichen Augenblick löst sich ein großer, kräftig gebauter Mann aus dieser Menschenansammlung. Er ist gut und gerne einen Meter neunzig groß, trägt einen schwarzen, lackartigen Mantel, verwaschene Jeans und Stiefel. Sein dunkles, im Nacken leicht gewelltes Haar ist straff nach hinten gekämmt. Doch das Auffallendste an ihm ist diese ungewöhnliche, fast künstliche Bräune.

Solarium, denkt sich Ennemoser sofort. Und bei dieser Statur könnte der locker als Türsteher einer Diskothek durchgehen. Der Fremde kommt schnell und mit einem sanften Lächeln auf den Makler zu.

„Günter Ennemoser?"

Der Angesprochene nickt und reicht seine Hand dem ausgestreckten Arm des hünenhaften Mannes entgegen. Der Druck ist stahlhart, wie eine metallische Presse, die die Knochen quälend langsam zu zerquetschen droht.

„Verzeihen Sie, mein Freund, dass ich diesen Ort, das Wolfsgehege, für unser erstes Treffen gewählt habe. Aber ich... bewundere, ich verehre diese Tiere. Sie sind ungemein elegante, schöne und intelligente Wesen, perfekte Raubtiere... und keinesfalls so schlecht wie ihr Ruf. Auf meinen Reisen durch die Kontinente dieser Welt bin ich stets Gast in den städtischen Zoos. Dort, wo es Wölfe gibt..."

Erst jetzt lässt der Mann die Hand Ennemosers los, die

sich inzwischen schon fast taub anfühlt, und starrt mit einem fast schon sehnsüchtigen Blick in das Gehege.

„Sie kommen wieder. Sie kommen wieder zurück. Und ist es nicht eine Ironie des Schicksals, dass ihnen der Mensch, der sie beinahe ausgerottet hat, wieder dabei hilft? Sie waren wie ein leises, zerbrechliches Flackern im ewigen Dunkel der Nacht. Doch jetzt wird ihre Flamme endlich wieder größer... Erstaunlich, aber selbst hier, in einem Gehege, strahlen sie eine bemerkenswerte Überlegenheit aus. Doch lassen wir dieses Abschweifen. Ich bin froh, dass ich Sie nun persönlich kennen lernen darf. Und ich habe unserem Schriftverkehr auch mit Freude entnommen, dass sie fündig geworden sind."

„Ja, ich... habe drei Objekte für Sie ausgewählt. Allesamt entsprechen sie den Anforderungen, die Sie in den Briefen gestellt haben... Möchten Sie sie gleich sehen? Ich habe Fotos dabei, wo Sie..."

„Aber nein, mein Freund, aber nein. Das hat Zeit bis heute Abend. Ich möchte Sie sehr gerne zur Vertragsunterzeichnung in das Hotel einladen, das mir bis zum Bezug meiner neuen Heimat Dach über dem Kopf bietet. Es wäre mir eine große Ehre!"

Mit diesen Worten drückt der Mann Ennemoser die Visitenkarte eines Innsbrucker Hotels in die Hand.

„Ich würde mich freuen, Sie um acht dort zu begrüßen. Und ich kann es kaum erwarten, mich in Ihrer schönen Stadt niederzulassen. Oft schon war ich in diesem Winkel Europas, habe immer wieder dieses grandiose Panorama bestaunt, diese phantastische, einmalige Tiroler

Bergwelt, zu deren Füßen diese glücklichen Bürger leben dürfen. Jetzt wird mein Wunsch endlich Wirklichkeit..."

Als Ennemoser Minuten später die Stelle passiert, wo sich zuvor die Gruppe lautstark unterhalten hat, liegt die Karte immer noch am Boden. Es ist ein 10er-Block für ein Solarium. Aber der Makler ist mit seinen Gedanken bereits wieder woanders. Ganz woanders.

„Treten Sie ein, mein Freund!"

Es ist kurz vor acht, als Günter Ennemoser die Türklinke des Hotelzimmers im zweiten Stock drückt. Der Raum ist spärlich, aber trotzdem geschmackvoll eingerichtet. Ein eigenartiges, fast unwirkliches Halbdunkel empfängt den Makler. Am Fenster steht sein Gastgeber.

„Es ist schön, dass Sie gekommen sind. Ihre Anwesenheit wird mich meinem Ziel, in dieser schönen Stadt ein Domizil zu finden, näherbringen. Bitte, legen Sie Ihren Mantel ab. Darf ich Ihnen etwas zu trinken anbieten?"

Der groß gewachsene Mann bewegt sich nicht von der Stelle und fixiert Ennemoser mit einem durchdringenden Blick.

„Nein, vielen Dank. Ich möchte... es lieber gleich hinter mich bringen!"

Der Innsbrucker nimmt aus seiner Tasche eine Aktenhülle, legt diese auf den weißen Schreibtisch rechts neben dem Fenster und macht dann wieder ein paar Schritte zurück. Dabei lässt auch er seinen Klienten nicht aus den Augen. Dieser lächelt freundlich, geht rasch zu den abgelegten Dokumenten und klappt die Hülle auf. Sekunden später wendet er sich Ennemoser zu, mit einem Ausdruck der Verwunderung in seinem Gesicht, das einem bösartigen Grinsen weicht.

„Darf ich fragen, was dieser... dieser beispiellose Akt der Unhöflichkeit soll? Sie legen mir drei leere weiße Zettel in diese Hülle. Nennen Sie das vielleicht Gastfreundschaft? Wie habe ich das zu verstehen?"

„Für jedes Haus ein weißer Zettel. Wie also darfst du es verstehen? Ich werde dir etwas weiterhelfen..."

Ennemosers Griff geht zum Reißverschluss seiner Tasche, die er inzwischen auf einem Sessel abgelegt hat. Er öffnet sie langsam.

„Ich kann es nicht verantworten, dass sich Kreaturen wie du in unserer Landeshauptstadt niederlassen. Und ich habe auch das Mittel, dies zu verhindern..."

Der Fremde lässt die Zettel auf den Tisch zurückgleiten und neigt seinen Kopf leicht zur Seite, als seine Stimme sanft durchs Zimmer dringt.

„So lange musste ich also reisen, um hier, mitten in den Alpen, jemandem zu begegnen, der glaubt. Der akzeptiert und versteht. Für den wir nicht nur irgendeine Ausgeburt der Phantasie sind, ein Hirngespinst. Ein dunkler Schatten aus den ewigen Feuern der Hölle, der nur in den Ängsten und Albträumen von euch Menschen zuhause ist. Ich gratuliere Ihnen. Das ist absolut nicht selbstverständlich, wenn ich bedenke, dass im 18. Jahrhundert in einem Kaiserreich, das von hier bis tief in den Balkan hineinreichte, der Glaube an uns offiziell verboten wurde. Ein Witz, nicht? Ein schlechter Witz! Haha! Köstlich. Einfach zum... Totlachen!“

„Dir wird das Lachen gründlich vergehen. Wir sind gastfreundliche Leute, aber Geschöpfe wie deinesgleichen können wir in Tirol nicht gebrauchen. Deshalb habe ich“, und damit zieht Ennemoser aus der Tasche eine kleinformatige Armbrust heraus, „ein Willkommensgeschenk mitgebracht. Das hier ist eine Spezialanfertigung. Über dreißig Jahre hat sie auf meinem Dachboden gelegen und ich habe allen Ernstes nie wirklich daran gedacht, dass sie irgendwann zum Einsatz kommen wird. Bis heute...

Dieser Holzpflock, den ich eingespannt habe, ist aus einer uralten Tiroler Eiche. Die Spitze habe ich zuhause noch gründlich mit Zirbenschnaps behandelt. Damit es ordentlich brennt in deinem verfluchten, deinem verdammten Herzen!“

„Oh! Vorsicht! Ich habe es offensichtlich mit einem Vollprofi zu tun. Hut ab, Sie scheinen es wirklich ernst zu meinen und haben an alles gedacht. Ein wehrhafter Innsbrucker im Schatten des Bergisel. Sie kommen zweihundert Jahre zu spät, mein lieber Freund. Aber sagen Sie: Wie bei allen Teufeln der Hölle habe ich mich verraten? Ich gab mir doch wirklich die größte Mühe...“

Günter Ennemoser beobachtet sein Gegenüber genau. Er weiß, dass er dieses Wesen keinen Augenblick unterschätzen darf.

„Wir Tiroler sind nicht auf der Brennsuppe dahergeschwommen. Ich weiß zwar nicht, wie du es angestellt hast, bei Tageslicht im Zoo aufzutauchen, aber die Tatsache, dass du keinen Schatten wirfst..."

„Hmmm... Zugegeben, das habe ich in meiner Sicherheit wohl nicht bedacht. Im Laufe der Jahrhunderte haben auch wir uns an den Wandel der Zeit angepasst, uns verändert und reagiert. Und Sie können mir glauben, immer nur durch das Dunkel der Nacht zu irren, ist auf Dauer nicht wirklich sehr erbaulich. Die Elektrifizierung der Großstädte machte den Anfang zu einer positiven Wende, doch wir wollten das Haus, den Fluss, die Bäume beim Licht des Tages sehen. Können Sie das verstehen? Oder ist es für Sie einfach nur selbstverständlich, normal?

Eine Erfindung des 20. Jahrhunderts hat uns letztlich gerettet, es uns ermöglicht, das zu Angesicht zu bekommen, was uns seit Ewigkeiten nicht vergönnt war. Die Welt bei Tag. Sonnenlicht ist Gift für unsere bleiche, empfindliche Haut und wir mussten etwas finden, irgendetwas, um uns daran zu gewöhnen. Heute führt uns der erste Weg in einer neuen Stadt in ein Solarium. Ich habe mir heute sofort einen 10er-Block gekauft. Man darf da nicht nachlässig werden... nein, nein. Und erst dieser hohe Lichtschutzfaktor bei den Sonnencremen..."

„Es tut mir leid, aber du wirst nicht mehr dazu kommen, in ein Innsbrucker Solarium zu gehen. Dort, wo ich dich jetzt hinschicke, ist es ohnehin heiß genug. Zurück ins Fegefeuer!"

Der groß gewachsene Mann breitet seine Arme aus, nickt und kommt näher. Nur noch wenige Schritte trennen die beiden.

„Erfüllen Sie mir doch, bevor Sie mir diesen Pflock ins Herz jagen, noch einen... tja, Herzenswunsch. Einem zum Tode Verurteilten gewährt man doch diese letzte, diese allerletzte Bitte, oder? Folgen Sie mir und ich werde Ihnen etwas sehr Bedeutsames zeigen... Es lohnt sich, Sie werden sehen. Keine Angst, Sie haben mich völlig in der Hand."

Ennemoser weicht vorsichtig zurück, die Hände werden unruhig, beginnen zu zittern. Der Fremde bewegt sich auf die Türe zu und macht eine einladende Bewegung.

„Na los! Warum so nervös? Ich bin es, der Angst haben muss. Sie sind es, der die Situation beherrscht. Also, kommen Sie..."

Mit einem gehörigen Sicherheitsabstand folgt Ennemoser der Aufforderung. Langsam gehen beide durchs Stiegenhaus nach unten. Ja, was soll dem Makler schon passieren? Er hat die Kontrolle, verfolgt jede Bewegung seines Vordermannes, der vor sich hinflüstert.

„Wir sind wie Wölfe. Gefürchtet und doch bewundert, nimmt man uns erst wahr, wenn wir wie aus heiterem Himmel auftauchen, im Rudel jagend. Kein leises, zerbrechliches Flackern im ewigen Dunkel der Nacht. Keine Flamme, die kleiner und kleiner wird..."

Die beiden erreichen den Eingangsbereich des Hotels. In den gemütlichen, schwarzen Ledersesseln und Sofas haben es sich dort mehrere Männer bequem gemacht, studieren Zeitungen und, das kann Ennemoser auch entdecken, Reiseführer und Stadtpläne Innsbrucks.

Plötzlich bleibt der Fremde stehen, dreht sich um und

grinst den Innsbrucker triumphierend an. Ein böses, ein diabolisches Lächeln huscht über sein Gesicht, als er mit einer theatralischen Handbewegung auf den großen Spiegel, der an der langen Rückwand des Foyers angebracht ist, deutet. Ennemoser blickt hinein und sieht nur sich alleine im Raum stehen. Die schwarzen, ledernen Sessel sind alle leer.

„Sie haben doch wohl nicht geglaubt, dass ich alleine hierhergekommen bin?"

Dann erheben sich die Männer aus ihren Sitzen. Die Dämonen der Nacht. Und langsam, unaufhaltsam kommen die Vampire alle auf Günter Ennemoser zu.

2

HUNGERBURG / INNENSTADT

„Carven! Ihr müssts carven, Mädels! Der Ski ist nicht umsonst vorne so breit. Der macht es euch doch leichter. Lassts ihn laufen und stellt ihn dann auf die Kante. Auf die Kante! Das ist kräftesparender, dann geht's wie von selber... und wie eine Servolenkung beim Auto!“

Aber was soll er in diesem Hausfrauenskikurs denn noch erklären, der Hans-Peter Lettenbichler? Wie ein Dirigent steht er auf der Skipiste, fuchtelt mit seinen Armen vor dem lahmen Orchester, das permanent die falschen Töne trifft.

Der Blick zum Alpenhauptkamm in Richtung Süden, über die Landeshauptstadt hinweg, zeigt ein schier unüberschaubares, endloses, weißes Meer von Bergspitzen. Doch das herrliche Februarwetter und die phantastische Aussicht schaffen es nicht wirklich, Lettenbichlers Stimmung zu heben.

„Wenn noch länger so wachtelst, landen bei euch die Flugzeuge!“, ruft ihm der Selcher Walter, seines Zeichens Skilehrerkollege von Lettenbichler, im Vorbeifahren zu.

Na bravo. Das hat er noch gebraucht, der Hans-Peter. Was er hier versucht zu regeln, ist nicht der Luftraum über Innsbruck, sondern das sichere Hinabbewegen seiner Schützlinge auf zwei Brettern. Aber es wird noch harte, harte Arbeit für den Pistenpädagogen, so viel ist sicher.

Sicher ist auch, dass Hans-Peter Lettenbichler schon auf die vierzig zugeht. Wer ihn allerdings das erste Mal sieht, würde ihm locker zehn Jahre weniger geben, denn Skilehrer- und Bergführertätigkeit haben dem athletischen Tiroler eine bemerkenswerte und ganzjährige Bräune verliehen, die blonden, gelockten Haare trägt er fast schulterlang. Seine ganze Erscheinung gleicht der eines Lebemannes, der gerade von einem vierzehntägigen Urlaub aus dem Süden zurückkehrt, um im Reisebüro gleich wieder einen Tauchtrip in die Karibik zu buchen. Und es scheint, als hätte seine rotweiße Skilehrerjacke keinen einzigen dunklen Fleck...

„So, dann packen wir's! Letzte Abfahrt und am Abend treffen wir uns dann in der Stadt. Maskiert oder nicht, wie ihr mögt. Ich... ich geh' als Skilehrer!"

Das Lokal in der Innenstadt ist voll, platzt aus allen Nähten. Es riecht nach Rauch und Alkohol. Alle Anwesenden sind lustig oder geben zumindest vor, es zu sein. Man drückt sich gegenseitig den Stempel des Frohsinns auf. Beim Anblick manch eingebauten Grinsens jedoch wird dem Lettenbichler übel. Aber was soll's? Der ganze Zirkus ist ja nur einmal im Jahr und der Faschingsabend als Abschluss des Skikurses bringt ihm jedes Jahr zufriedene Kunden. Dem Hans-Peter gegenüber sitzt Joachim Wende-Sternhagel, ein wohlhabender Industrieller aus Norddeutschland, der mit seiner dritten Frau Grete zum vierten Mal hintereinander seinen Winterurlaub in Tirol verbringt.

„Prost, Hansi!", ruft Joachim und schiebt dem Skilehrer, genüsslich eine Zigarre qualmend, ein großes Bier über den Tisch zu.

„Sag mal, Junge, jetzt mal im Ernst: Heißen eigentlich alle Tiroler Skilehrer Hansi?"

„Nein, aber Nachteil ist es auf jeden Fall keiner..."

„Haha, gefällt mir, gefällt mir, Junge. Ach, und was mir noch gefällt sind diese jungen Mädchen, die da bei einigen Firmen in eurem Lande den Text für den Anrufbeantworter sprechen. Businessdeutsch mit alpinem Einschlag... Herrlich. Weißt du, Hansi, jetzt komme ich schon den vierten Winter zu euch und es gefällt mir jedes Jahr besser. Ihr habt's gut hier, ja, ja. Is' ja auch traumhaft, dieses Fleckchen Erde inmitten der Alpen. Grade gestern hab' ich noch eine Tour auf den Patscherkofel gemacht und bin dann noch in diese tolle Eishalle nach Götzens zum Schlittschuhlaufen gegangen. Langweilig wird's bei euch ja nie. Und vor allem ist hier immer jede Menge Action in der Hütte: Lawinenabgänge, Almabtriebe, Paragleiter... da kommt alles Gute immer von oben, hahaha..."

„Und genau diese Action nervt mich manchmal schon gewaltig. Ich muss das ganze Jahr Animateur und Clown spielen. Das kann manchmal ziemlich anstrengend sein..."

„Aber komm'! Die Tiroler sind lustig, Mann. Stimmt doch, oder?"

„Ja, das schon. Aber uns weht auch ein harter Wind ins Gesicht. Wind, den ihr vielleicht gar nicht merkt, der euch nicht einmal streift. Waldsterben, Transit, der Tourismus, der bis zum Exzess zelebriert wird..."

„Na, na, na! Wer wird denn hier den verzweifelten, den desperaten Alpenbewohner spielen? Lass dir doch deswegen keine grauen Haare wachsen. Die Berge sind euer Kapital und ihr habt was draus gemacht. Absolut professionell. Und erst neulich hab' ich die „Fidelen Finstermünzer Fensterputzer" mit ihrem Hit „Auf dem

Radl durch Pradl“ gehört. Tja, auch musikalisch habt ihr halt den Dreh raus, das muss man schon sagen. Umsonst kommen Leute wie ich nicht nach Tirol. Und ihr Skilehrer... Tja, ich könnte fast neidisch auf eure Zunft blicken. Zumal ihr ja auch den Ruf der ewigen Schürzenjäger genießt!“

Lettenbichler lächelt Joachim verschmitzt an.

„Weißt du, Hansi, wenn ich mir denke, dass du was mit meiner Grete hättest... Ich würde dir glattweg den Hals umdrehen!“

Dass die Grete bei diesen Worten knallrot anläuft und sich an ihrem Faschingskrapfen fast verschluckt, entgeht dem selbstsicheren, laut auflachenden Deutschen. Lettenbichler gelingt es mit Mühe, souverän zu bleiben und ein kühles Lächeln aufzusetzen. Wenn der Joachim wüsste...

Die Unterhaltung driftet weiter ins Belanglose ab, der Blick Lettenbichlers schweift hinüber an die Bar. Schon seit einigen Minuten ist ihm da diese Frau aufgefallen. Groß, schlank, eingehüllt in ein blutrotes Cape, wirft sie wieder und wieder ihre langen, blonden Haare in ihren Nacken. Was die Dame nicht preisgibt, ist ihr Gesicht. Es wird von einer venezianischen Maske verhüllt, was der Unbekannten eine geheimnisvolle Ausstrahlung verleiht.

Lettenbichler nimmt zielsicher und instinktiv die Fährte auf. Mit einer kurzen Entschuldigung verlässt er den Tisch mit seinen Schützlingen, doch das merkt angesichts des steigenden Promillepegels ohnehin fast keiner. Hans-Peter versucht es gleich mit der Brechstange, der Strategie des Unerschrockenen.

„Darf ein einsamer Skilehrer eine schöne Dame zu einem Cocktail einladen?“

„Dann heißt du bestimmt Hansi, oder? Fast alle Skilehrer heißen Hansi... und das ist in diesem Land gewiss kein Nachteil.“

„Du bist wohl eine Hellseherin, was? Stimmt. Ich bin der Hans-Peter. Hans-Peter Lettenbichler. Was möchtest du denn trinken?“

Während der Barmann irgendein türkisblaues Gebräu mischt, setzt Lettenbichler gleich den nächsten Schritt seines brachialen Eroberungszuges.

„Und du? Wie darf ich dich nennen? Schöne der Nacht?“

„Namen sind unwichtig in einer Nacht wie dieser, in einer Zeit wie dieser. Was zählt, ist doch die Liebe...“

Der Hans-Peter wundert sich kein bisschen über diese seltsamen Worte. Es ist nicht das erste Mal, dass eine seiner Eroberungen ein paar Joints zu viel geraucht hat. Nur zu gut, dass er mit seinen Liebschaften keine philosophischen, tiefgründigen und erbaulichen Gespräche führen muss. Und er spinnt auch schon seinen Plan weiter.

„Dann erzähl mir doch mehr von der Liebe ... oben im ersten Stock, da gibt's ein Zimmer... da wären wir ungestört, hm?“

Na, das ging ja denkbar einfach, denkt sich Lettenbichler fünf Minuten später, als er mit der geheimnisvollen Blonden im Schlepptau die Treppen hinaufsteigt. Es zahlt sich halt aus, wenn man die örtlichen Gegebenheiten seit Jahren kennt. Sein Revier ist markiert.

Das Zimmer ist klein, aber gemütlich. Hans-Peter knipst das Licht an, das den Raum in einen sanften Schimmer hüllt. Den Champagner, den er mitgebracht hat, stellt der Alpen-Adonis auf den runden Glastisch in der Mitte des Raumes, um gleich danach ein Dutzend roter Teelichter anzuzünden. Leise Musik klingt aus der Stereoanlage. Seine Begleitung schließt die Tür, setzt sich mit ihm auf die Bettkante. Jetzt ist die Beute im Netz.

„Prost, meine Herzdame!"

„Prost, du Galan! Bei deinem Charme musst du doch bestimmt schon unzähligen Frauen das Herz gebrochen haben. Als Skilehrer..."

„Na ja... ich geb' schon zu, dass es da einige gegeben hat, aber keine, keine war so geheimnisvoll, so unnahbar wie du. Du hast mich echt gefangen genommen. Schon vom ersten Augenblick an. Es ist fast so, als wären wir uns schon einmal in einem früheren Leben begegnet. Aber wie gern würde ich wissen, was sich hinter dieser Maske verbirgt, möchte mehr sehen als nur diese beiden großen, dunklen, verzaubernden Augen..."

Mir wird gleich schlecht bei diesem Gerede, denkt sich der Hans-Peter. Doch was muss man nicht für Opfer bringen, um ans Ziel zu gelangen? Aber sie stehen nun mal auf dieses Gesäusel, die Mädels. Der Lettenbichler als Frauenflüsterer. Tausend Mal geübt, tausend Mal erfolgreich ausgeführt, knietief durch psychoromantische Gewässer watend.

„Damit willst du, dass diese Nacht für immer unvergesslich für dich werden wird. Möchtest du das wirklich?“

Hans-Peter nickt mit verständnisvoller Miene. Natürlich soll diese Blondine die idiotische Maske abnehmen, und zwar flott. Am besten gleich, sofort.

„Manchmal sind die Dinge anders, als man sie sich erwartet. Manches Mal geht nicht in Erfüllung, was man sich so sehnlich wünscht. Kennst du das? Nein, das kennst du bestimmt nicht, weil du immer das bekommst, was du willst. Aber heute Nacht wirst auch du erfahren, was es bedeutet, aufzulaufen, zu stranden, enttäuscht zu werden...“

„Ja, wie jetzt? Was ist denn jetzt auf einmal los? Hab' ich was falsch gemacht?“

Lettenbichler wird ein wenig nervös. Das Ganze läuft in eine seltsame Richtung. Wovon redet die denn nun plötzlich? Typisch Frauen. Die wissen ja nie, was sie wollen. Sagen sie ja, meinen sie nein und umgekehrt.

„Erinnerst du dich? Vor einem Jahr? Du wolltest sie heiraten. Jaqueline. Das hast du gesagt, eine gemeinsame Zukunft in Aussicht gestellt...“

„Aber... aber das war doch nur so... so dahergesagt. Mein Gott, wenn man ein bisschen was getrunken hat, redet man doch manchmal irgendetwas daher. Da muss man doch nicht gleich jedes Wort auf die Waagschale legen und..."

„Sie ist heute Abend hier, Hans-Peter..."

„Aber... aber das ist doch nicht möglich. Die Jaqueline... die Jaqueline hat sich doch umgebracht. Es ist doch damals in allen Zeitungen gestanden! Sie ist tot! Tot und begraben!"

„Ganz genau, man konnte es überall lesen. Aber du hast dich irgendwie herausgewunden, dich als das Opfer dargestellt. Heute hilft dir keiner mehr, Hansi! Sie ist gekommen, um sich an dir zu rächen. Jaqueline ist hier, Hansi! Hier... in diesem Zimmer!"

Mit diesen Worten nimmt die Frau, die sich dem völlig verwirrten Skilehrer immer weiter nähert, ihre Maske ab. Ein bleicher Totenschädel grinst Lettenbichler an und in den leeren, schwarzen Augenhöhlen verbirgt sich das abgrundtiefe Grauen.

Der Lärmpegel ist viel zu groß, als dass man die Schreie irgendwo im Hause hören könnte. Doch eine Stunde später findet eine Angestellte Hans-Peter Lettenbichler, der zitternd im ersten Stock, am Geländer der Treppe kauert. Aus dem Gesicht blicken Irrsinn und nackte Angst, die vormals blond gelockten Haare sind eisgrau geworden...

3

Olympisches Dorf

Hochhaus-Schuhputz

Anna Winter wird zum letzten Mal durch diesen dunklen, engen Gang gehen. Über ihr verlaufen die dick isolierten Heizungsrohre, links und rechts blanker und grauer Beton. Wuchtig und massiv. Das grelle Licht der beiden Neonröhren, die ihr den Weg leuchten, wirkt kalt. Sie ist alleine hier unten. Noch wenige Schritte und Anna erreicht die Türe zum Trockenraum. In den Händen einen roten Wäschekorb haltend, drückt sie die Klinke mit ihrem Ellenbogen hinunter. Kurze Zeit später erlischt im Gang draußen das Licht. Sie ist ganz alleine und sie wird zum letzten Mal in ihrem jungen Leben hier die Wäsche abnehmen.

Winter zieht nämlich mit ihrem Mann, dem Gernot, vom Olympischen Dorf auf die Hungerburg. Ihre Oma Hildegard hat sich leider vor wenigen Wochen vom Diesseits ins Jenseits begeben und ihrem lieben und einzigen Enkerl ein Haus samt großzügigem Grundstück auf den sanften Hängen nördlich der Landeshauptstadt hinterlassen.

Nicht, dass die Anna ungern in ihrem Wohnblock gewohnt hat. Immerhin ist sie hier aufgewachsen, hat den Gernot kennen gelernt. Aber wenn die Großmutter zum Herrgott berufen wird und auf Erden solch einen kostbaren Besitz hinterlässt, muss man nicht zweimal überlegen. Schon gar nicht angesichts der Mieten und der Haus- und Wohnungspreise in Innsbruck, die mittlerweile bereits in schier astronomische Höhen geschnellt sind. War der Plan vom eigenen Haus noch vor wenigen Wochen irgendwo in weiter Ferne gelegen, versteckt im dichten Nebel der Zukunft, stehen die Umzugskartons jetzt sehr eindeutig und waghalsig übereinandergeschlichtet im Vorraum herum.

Anna verlässt den Trockenraum mit dem vollen Wäschekorb. Im Stiegenhaus begegnet ihr Roland Hofer, der altgediente Hausmeister. Alleinstehend, technisch versiert und etwas griesgrämig. Die Anna aber, die ist ihm sympathisch, und natürlich ist ihm auch nicht entgangen, dass dieses 28-jährige Mädel ihre Zelte hier abbrechen wird.

„Na, haben Sie die letzte Wäsche hinter sich gebracht?"

„Ja, heute geht's los. Wir kommen ja schon kaum bei der Wohnungstür hinaus. Überall Schachteln und Kisten. Das totale Chaos. Aber es geht alles irgendwie... Sind ja nicht die Ersten, die irgendwohin übersiedeln. Ach, übrigens: Im Trockenraum liegt schon seit vierzehn Tagen ein Stapel mit Röcken und Pullovern auf dem Ablagetisch. Dass sich da die Leute nicht mehr um ihre Wäsche kümmern... Das verstehe ich nicht!"

„Ja, wissen Sie, Frau Winter, in so einem großen Block kennen sich halt nicht mehr allzu viele Leute. Und den meisten ist es, gelinde gesagt, auch ziemlich egal, wer wann seine Wäsche holt. Und hängt sie zu lange, nimmt sie ohnedies jemand ab und legt sie auf diesen Tisch..."

„Aber wenn was passiert ist?"

„Mein Gott, oft macht eben der eine oder andere Urlaub oder vergisst wirklich, dass..."

„Also, den Kleidern nach ist es wahrscheinlich eher eine ältere Dame! Und Sie wissen ja, da kann oft unerwartet..."

Hofer runzelt kurz die Stirn, denkt nach. Dann steckt er seine großen, breiten Hände achselzuckend in den blauen Arbeitsmantel und meint:

„Wissen Sie was? Ich... werd' mich drum kümmern. Versprochen!"

Und während Anna Winter in ihrer Wohnung verschwindet, macht sich Roland Hofer auf den Weg in den Keller. Draußen scheint die helle Märzsonne auf die Dächer der Häuserschluchten, auf die roten, verlassenen Sitzbänke am Olympiabrunnen, um sich im Schatten der hohen Wohnblöcke zu verlieren.

Der Hausmeister wird zum vorletzten Mal durch diesen dunklen, engen Gang gehen. Über ihm verlaufen die dick isolierten Heizrohre, links und rechts blanker, grauer Beton. Wuchtig und massiv. Das grelle Licht der beiden Neonröhren, die ihm den Weg leuchten, wirkt kalt. Er ist alleine hier unten. Noch wenige Schritte und er erreicht die Türe zum Trockenraum, drückt die Klinke hinunter und spürt die Hitze, die Schwüle. Kurze Zeit später erlischt im Gang draußen das Licht. Hofer ist alleine hier unten.

Langsam geht er zu dem hölzernen Ablagetisch, der in einer Ecke des Raums steht. Graue und bunte Röcke, Westen und Pullover. Ein Kleidungsstück sticht ihm dabei besonders ins Auge. Es ist eine dicke, gestrickte Jacke mit einem kleinen Loch am linken Ärmel.

Kein Zweifel: Die gehört der Brugger Frieda, dieser betagten Dame aus dem dritten Stock. Er hat sie noch vor ein paar Wochen mit dieser Jacke gesehen. Ob er nicht doch einmal nachschauen sollte? Nur so, zur Sicherheit? Wenn wirklich etwas geschehen ist... Die Frieda war immer so sparsam. Und alte, sparsame Leute, die haben doch oft Geld. Viel Geld. Da hat sie schon Recht, diese Anna. Man sollte wirklich nachschauen...

Kurz entschlossen begibt er sich in seine Wohnung im ersten Stock, holt den Zentralschlüssel und steigt durchs Stiegenhaus nach oben. Am Ende des Ganges, ganz hinten rechts, ist die Frau Brugger zu Hause. Hofer klingelt mehrere Male, klopft, drückt sein Ohr an die Türe. Absolute Stille, nichts zu hören. Er wühlt in seinen Taschen und zieht umständlich den schweren Schlüsselbund hervor.

Sekunden später steht er in der Wohnung von Frieda Brugger. Und sofort fällt ihm auf, dass hier etwas nicht stimmt. Es ist dieser Geruch. Der Geruch von Tod und Verwesung.

Doch Hausmeister Hofer kehrt nicht um. Langsam bewegt er sich in Richtung Badezimmer. Der Geruch wird stärker. Die Türe zum Bad steht halboffen. Hofer hält den Atem an. Was er sieht, als er in diesen Raum blickt, verschlägt ihm die Sprache. Entsetzt starrt er auf... Plötzlich hört er, wie von draußen ein Schlüssel ins Schloss gesteckt wird.

Rasch! Halb benommen von dem, was er da soeben gesehen hat, stürzt der Hausmeister aus dem Bad, sucht eine Möglichkeit, sich zu verstecken. Wenn man ihn hier in der Wohnung sehen würde... neben der toten Frau Brugger... nicht auszudenken!

Er verschwindet in einem großen, geräumigen Kasten im Hausgang und zieht die Türen von innen zu. Gerade noch rechtzeitig! Die Haustür fällt ins Schloss, Schritte gehen langsam vorbei. Durch einen Spalt kann Hofer erkennen, dass der Besucher grobe, braune Lederstiefel trägt.

Währenddessen mühen sich Anna und Gernot Winter mit den Umzugskartons ab. Plötzlich stolpert Anna und eine schwere, vollgepackte Schachtel stürzt auf das Telefon im Vorraum, das Kabel reißt aus der Halterung.

„So ein verdammter Sch... So ein Topfen! Ach, muss das ausgerechnet heute noch passieren? Was tun wir denn jetzt?"

„Bleib ruhig, Anna. Im Augenblick können wir sowieso nichts machen. Ruf doch einfach den Hausmeister an und meld' ihm, was passiert ist. So etwas wird ihn schon nicht umbringen. Die Kosten für die Reparatur ersetzen wir ihm dann natürlich!"

Atemlos steht Hofer im Schrank. Was zum Teufel macht dieser Kerl in der Wohnung von Frau Brugger? Ist es ein Verwandter? Oder...

Plötzlich läutet sein Handy, laut und gellend! Und dann hört Hausmeister Hofer, wie sich schnell Schritte nähern...

Drei Tage später. Gerda Krallinger bügelt gerade im Wohnzimmer die Wäsche, umgeben von ausgeblichenen und blumig gemusterten Tapeten. Ihr Mann Fritz steht draußen auf dem Balkon. Das neue, sündteure Bügeleisen, das sie sich schon immer gewünscht hat, funktioniert prächtig. Ja, Qualität, die hat eben so ihren Preis.

„Also nein, also nein! Offensichtlich ist wirklich nur mehr auf den Tod Verlass heutzutage. Stell dir vor, Fritz, die Moni hat jetzt schon seit Tagen versucht, den Hausmeister zu erwischen, weil bei ihr die Eingangstür klemmt. Ja, glaubst du, sie erreicht ihn? Hm? Unwahrscheinlich. Aber den hab' ich immer schon nicht gemocht, diesen... diesen Hofer. So ein wichtigtuerischer Blaumantel. Womöglich ist er irgendwohin gefahren. Der hat doch sicher eine Freundin. Ganz gewiss. Und mit der ist er Urlaub oder Kur oder so was..."

„Ja, ja, nicht zu glauben. Der ist bestimmt zur Kur gefahren, Gerda, und liegt gerade zu zweit in irgendeiner Badewanne..."

Und ein munteres Lied vor sich hinpfeifend, putzt Fritz Krallinger seine groben, braunen Lederstiefel.

4

SAGGEN / DREIHEILIGEN-SCHLACHTHOF

BANANA-DRAMA

Es ist im Grunde immer dasselbe Spiel. Jedes Jahr zu Pfingsten werden Tausende von Menschen vom kollektiven Camping-Fieber gepackt, um in Karawanen in den Süden zu ziehen. Da karrt man in beispielloser Weise Kühlschränke, Schlafsäcke und Mountainbikes über den Brenner, staut sich durch die Mautstelle in Vipiteno – Sterzing und erreicht schließlich müde, entnervt und völlig gestresst das große Blau, zweieinhalb Stunden entfernt von Innsbruck. Den Gardasee.

Wie sehr aber auch die Brennerautobahn Fluch und Belastung für viele transitgeplagte Tiroler sein mag, ist es doch heutzutage kaum mehr vorstellbar, dass es Zeiten gab, wo noch keine solche Verbindung von Nord nach Süd existierte. Von abenteuerlichen Verhältnissen kann wohl da manch einer älteren Semesters berichten. So erzählt man sich von einem Wochenende in den 60er-Jahren, als zahllose Autofahrer zwei Tage im oberen Eisacktal festsaßen, weil die einzige Straße auf den Brenner aufgrund einer Schneefahrbahn und hängen gebliebener Fahrzeuge lahmgelegt war. Man ging dann eben ins nahe gelegene Gasthaus und saß das kollektive Verkehrschaos bei Karten, einer Speckjause und einem Südtiroler Roten aus.

Peter Pretschneider und Ernst Moser gehören zu jenen, die sich nie wirklich viel aus diesem Zelttourismus gemacht haben. Heute, an diesem Abend im April, sind sie im Begriff, ein für sie weitaus lohnenderes Ziel anzusteuern, als sie mit ihrem Wagen, von Osten her, die Innsbrucker Stadtgrenze erreichen und die Haller Straße entlangfahren. Auf Höhe der Eisenbahnbrücke passieren sie die Rauchmühle, eines der wohl imposantesten Gebäude am Flusslauf des Inns in der Landeshauptstadt und ein eindrucksvolles Beispiel für die Industriearchitektur der Zwischenkriegszeit.

Moser überquert die Mühlauer Brücke und steuert den Wagen in den Saggen. Als er vor den Viaduktbögen links abbiegen will, kommt ihnen plötzlich ein Streifenwagen entgegen und geistesgegenwärtig reißt Pretschneider das Lenkrad noch herum.

„Spinnst du?", ruft der Ernst und starrt Pretschneider mit einem dümmlich-fragenden Blick an.

„Na super, Ernstl! Sollen wir der Polizei vielleicht die Vorfahrt nehmen und dann wenige Meter weiter einbrechen? Damit sie sich unter Umständen an unser Fahrzeug erinnern können, wenn es irgendwer doch registriert hat? Unauffällig bleiben, Bursche. Wir fahren jetzt durch die Unterführung, vor der Prinz-Eugen-Brücke nach links und wieder zurück. Eine kleine Stadtrundfahrt. Und dann..."

Dann bringt Moser den Wagen wenige Minuten später an einer dunklen Ecke zum Stehen. Er steigt aus, holt sich vom Rücksitz eine große, schwarze Sporttasche und wirft die Tür mit einer kräftigen Armbewegung zu.

„Geht's vielleicht noch lauter, du Depp? Muss ja nicht der halbe Saggen erfahren, dass wir da sind. Himmel Herrschaft..."

Kopfschüttelnd steigt Pretschneider aus dem Wagen. Es ist kurz nach zwei Uhr Früh. Nur durch wenige Fenster dringt noch Licht aus den Häusern, als die finsteren Gesellen durch die Nacht schleichen und kurze Zeit später einen Häuserblock erreichen. Mit geschickten Handgriffen verschaffen sich die beiden Zugang zum

Treppenhaus und steigen lautlos nach oben.

Vor einer Tür am Ende eines Ganges bleiben sie stehen.

„Paul Profatscher! Hier sind wir richtig, Ernst! Dann schauen wir mal, was der Herr Professor so alles in seinem Heim zu bieten hat. Und ob der Tipp vom Edmund auch richtig war. Sonst zieh' ich ihm die Ohren lang..."

Dieses Mal dauert es etwas länger. Ein Zusatzschloss erschwert den Männern den Zugang in die Wohnung von Professor Paul Profatscher, der sich auf Forschungsreise nach Südamerika begeben hat, um sich Tausende Kilometer entfernt durch den Dschungel des Amazonas zu schlagen.

Im Dschungel glauben sich auch die beiden nächtlichen Besucher, als sie die Wohnung des Globetrotters betreten. Blätter von riesenhaften Pflanzen hängen von den Wänden im Flur, seltsame geschnitzte Masken und Figuren starren die Eindringlinge im Halbdunkel bedrohlich aus toten Augen an. Blasrohre, Messer und Werkzeuge in unterschiedlichen Größen und Variationen.

„Mach die Tür zu, Ernst!", flüstert der Pretschneider Peter im Halbdunkel seinem Kompagnon zu.

„Bist du gelähmt. Diese Wohnung ist ja ein Museum. Der hat ja den halben Urwald mitgebracht... Na, also mich würden keine zehn Pferde dort hinbringen... Piranhas, acht Meter lange Anakondas, springende Giftspinnen..."

„Und wer so viel auf Reisen ist und solch schöne Dinge mitbringt, hat in der Regel auch das nötige Kleingeld dafür... Der Typ ist steinreich, sag' ich dir. Der hat Mörderkohle. Jetzt müssen wir das Geld nur noch finden. Du siehst dich im vorderen Bereich der Wohnung um, ich geh' nach hinten."

Die beiden Einbrecher schalten ihre Taschenlampen ein und machen sich auf die Suche, durchwühlen alte Schränke, stöbern in Schubladen und Kästen. Es vergehen mehrere Minuten und man wird nicht wirklich fündig. Während Moser mehr vom Inventar der Wohnung beeindruckt ist und seine Suche etwas vernachlässigt, wird Peter Pretschneider langsam nervös. Wo steckt das verdammte Geld? Und warum müssen diese Altbauwohnungen so unendlich groß sein! Am Ende des langen, dunklen Hausgangs entdeckt er einen Raum, vor dem dutzende Kartons scheinbar wahllos übereinandergestapelt sind. Bananenschachteln.

„Was macht denn der mit so vielen Affenschnitzeln...?", murmelt Pretschneider vor sich hin und stöbert, ob sich außer den Bananen noch etwas in den Schachteln befindet.

Gerade in dem Augenblick, als Ernst Moser die Küche mehr schlecht als recht durchsucht hat, hört er vom Stiegenhaus her Stimmen.

„...wünsch' ich Ihnen auch, Frau Zurfler. Ja, dieses Mal ist wirklich alles glattgegangen mit dem Flieger und wie ich gehört habe, hat die Spedition meine Mitbringsel bereits in meiner Wohnung abliefern können. Wenn alles immer nur so reibungslos ablaufen würde... Gute Nacht, Frau Zurfler... ja, auch dem Günther noch schöne Grüße... ja, ja, natürlich muss man nachschauen, wenn mitten in der Nacht das Licht im Stiegenhaus... ja, gute Nacht noch..."

Jesus Maria! Um Himmels Willen! Was macht dieser Professor jetzt schon zuhause? Hat sich der Edmund etwa doch im Kalender vertan? Das darf doch nicht wahr sein...

Siedend heiß durchfährt es den Ernst. Was tun? Kann nicht einmal, wenigstens ein einziges Mal, etwas glattlaufen? Schon letzte Woche ist es wieder ziemlich knapp zugegangen, hat die Nemesis mit ihrem Arm bereits nach den schwarzen Trainingsanzügen der beiden Gauner gegriffen. Was mussten sie sich ausgerechnet das Fluchtauto aussuchen, welches keinen Tropfen Benzin im Tank hatte... Quer durch den Wald sind sie abgehauen, irgendwo im Westlichen Mittelgebirge und am nächsten Tag konnten sie sich gegenseitig die Zecken herausoperieren...

Jetzt heißt es schnell reagieren. Flucht, Versteck, Konfrontation? Schon wird der Schlüssel langsam ins nicht mehr versperrte Schloss gesteckt, schon kommt das Schicksal unbarmherzig näher und näher, die Schweißperlen stehen Moser drohend auf der Stirn. Spätestens jetzt wird der Typ merken, dass da was faul ist. Und während Peter Pretschneider nichts ahnend im hinteren Teil der Wohnung über irgendwelche Schachteln stolpert, steht sein Kollege unentschlossen wenige Meter von der Eingangstüre entfernt, eine Hand fest um einen schweren Schürhaken geklammert.

Die Türe öffnet sich und der Professor blickt suchend in seine Wohnung. Noch geblendet vom hellen Licht des

Stiegenhauses sieht er den Schatten nicht, der sich aus dem Vorraum auf ihn zubewegt. Erst als Paul Profatscher mit der Hand nach dem Lichtschalter tastet, erkennt er, dass er nicht alleine ist.

Moser stürzt sich auf den unvorbereiteten Mann und wirft ihn zu Boden. Dann schlägt er zu und sorgt damit für eine wahrlich niederschmetternde Heimkehr nach Tirol.

Der Professor liegt leblos vor dem Ernst, welcher zitternd den Schürhaken festhält und sich langsam nach unten beugt. Es vergeht beinahe eine Ewigkeit, bis er mit seinem Fuß vorsichtig gegen den Körper stößt. Keine Bewegung, keine Reaktion. Atemlos geht Moser auf die Knie, um den Puls zu fühlen. Doch er findet ihn nicht.

Fixlauda! Der Professor ist... mausetot! Entsetzt weicht Ernst Moser zurück, blickt verstört um sich. Verdammt! Nur weg hier, nur weg. Mit einem Taschentuch wischt er geistesgegenwärtig den Griff des Mordwerkzeugs ab. Was kümmert ihn der Pretschneider, sollen sie ihm doch alles anhängen...

Der Ernst steigt über die Leiche hinweg, wirft noch einmal einen letzten Blick auf den Toten. Nein, das hat er nicht gewollt. Nicht so. Er stürzt das Treppenhaus hinunter, hat zu viel Schwung... und landet rücklings unsanft auf der harten Stiege. Der Aufprall ist so stark, dass er benommen liegen bleibt.

Als Ernst Moser zu sich kommt, blickt er in die Gesichter von zwei Polizisten, die sich vor ihm aufgebaut haben. Offensichtlich hat der Professor irgendwie eine Alarmanlage betätigen können. Jetzt... jetzt gibt es gewaltige Probleme.

Probleme, die auch der völlig ahnungslose Peter Pretschneider bekommt, als er sich in der Wohnung des toten Professors über eine weitere Schachtel mit Bananen beugt und ihm eine brasilianische Kammspinne mitten ins Gesicht springt...

5

MARIAHILF - ST. NIKOLAUS / PRADL

ANRUF AUS LA

Es wäre, gelinde gesagt, stark untertrieben, wenn man den knapp siebzigjährigen Vinzent Preiß als Büchernarren bezeichnen würde. Seit dem Tod seiner Frau vor knapp zehn Jahren hat sich der bibliophile Rentner eine Privatbibliothek zugelegt, die wohl so manche Pfarr- und Stadtbücherei in den Schatten stellen würde. Alleine in seiner Wohnung in St. Nikolaus, nahe der Kirche, verschanzt sich Preiß bei Schlechtwetter den ganzen Tag hinter seinen Druckwerken, stöbert und schmökert, liest und recherchiert.

Doch wenn die Sonnenstrahlen auf die Dächer Innsbrucks scheinen, schwingt sich der Pensionist auf sein altes Dreigangfahrrad und braust mit einem Buch auf dem Gepäckträger in Richtung Walther-Park. Und so ziehen vor ihm Inlineskater, Jogger und kinderwagensteuernde Mütter vorbei, schräg gegenüber von Preiß fährt die Hungerburgbahn durch den Untergrund und irgendwann wieder hinaus, während sich dieser unscheinbare Mann mit unbewegter Miene durch die Seiten blättert.

Es ist ein warmer Sonntagabend im Mai, als Vinzent Preiß die Frühlingsluft auf seinem Balkon genießt, ein Fläschchen Weißwein neben und einen dicken, verstaubten Wälzer vor sich. Da klingelt das Telefon. Preiß liest noch gemütlich die Seite fertig, steht auf und schlendert in aller Ruhe in den Hausgang, um den Hörer abzunehmen.

„Preiß?“

„Grüß dich, Vinzent. Ich bin's, der Sepp!“

Ein Anruf aus Landeck, also aus LA. Josef Schluderer,

gebürtiger Landecker, Graukäseliebhaber und Büchergesinnungsgenosse von Vinzent Preiß ist in der Leitung. Und immer, wenn der Schluderer anruft, gibt es auf dem Büchersektor irgendetwas Neues.

„Und? Wie geht's denn so?"

„Du, danke, sehr gut. ...dir?"

„Danke... man wird halt älter... Stell dir vor, Vinzent, vom Harpflinger Franz hab' ich vor ein paar Tagen gehört, dass es in Pradl einen Mann gibt, der seltene und oft längst vergriffene Werke führt. Und manches Mal verkauft er auch das eine oder andere Buch. Mich würd's sehr reizen, dort einmal vorbeizuschauen. Am liebsten schon morgen Abend..."

„Nein, morgen ist ganz schlecht. Da kommt mein Sohn, der Willi, auf ein Glaserl Wein vorbei. Der hat ja unlängst leider einen Bandscheibenvorfall gehabt. Wie so viele jetzt Mitte dreißig. Ist ja fast schon so was wie Mode. Ohne Bandscheibenvorfall kannst ja fast gar nicht mehr mitreden heutzutage... Aber vielleicht könntest du es dir für Dienstag einrichten?"

„Wenn mich nur die Neugier nicht so jucken tät'! Meine Zenzi sagt, ihr macht's nichts aus, mich morgen aus dem Haus zu haben und du weißt ja aus früheren Tagen, dass man solche Gelegenheiten nutzen muss..."

Nach einem längeren Gespräch einigt man sich darauf, dass der Josef Schluderer dem Vinzent telefonisch Bericht erstattet, ob Pradl denn eine Reise wert und das Bücherangebot interessant sei.

Vinzent Preiß legt den Hörer wieder auf die Gabel und widmet sich noch in aller Ruhe seiner Lektüre am Balkon, während sein Kompagnon in dessen Küche marschiert und die Zeitung studiert. Doch dann erstarrt Schluderer, als er den Namen der beiden pensionierten Sprachforscher Franz und Kreszenzia Harpflinger liest. Bei den Todesanzeigen.

Am nächsten Abend, es ist bereits kurz vor zehn, hat sich Josef Schluderer immer noch nicht gemeldet. Eigentlich ist er verlässlich, der Josef, aber vielleicht war er bereits so müde, dass er keine rechte Lust mehr gehabt hat, noch zum Telefonhörer zu greifen.

So beschließt Vinzent Preiß, dem Mann in Pradl, wie ursprünglich ja geplant, am nächsten Tag selbst einen Besuch abzustatten.

Grün fließt der Inn vom Oberland herab, als Preiß ihn am Dienstagnachmittag mit seinem Fahrrad in Richtung Zentrum überquert. Er fährt durch die Museumstraße, passiert die Sillbrücke beim Städtischen Hallenbad und muss mit Schaudern an jenes unheilvolle Hochwasser denken, das diesen unscheinbaren Nebenfluss im Sommer 1985 bedrohlich anstiegen ließ.

Zwanzig Jahre später war es der Inn, der die Landeshauptstadt 2005 fast an den Rand einer Katastrophe brachte. Umfangreiche Hochwassersicherungen an den beiden Gewässern haben seitdem das Wohnen in der Stadt sicherer gemacht und das Bild an den Ufern beider Gewässer stark verändert.

In der Nähe der Leitgeb-Halle, wo er im vergangenen Winter seinem Enkel Rene bei einem Hallenfußball-

Turnier zugeschaut hat, stellt Vinzent Preiß sein Fahrrad ab und läutet an der Türe eines alten Wohnhauses.

Sie wird geöffnet und ein neugieriges Gesicht blickt den Besucher an.

„Ja, bitte?“

„Grüß Gott. Preiß, Vinzent Preiß mein Name. Entschuldigen Sie die Störung, wenn ich hier einfach so unangemeldet vor Ihrer Türe stehe, aber ein Freund hat mir Ihre Adresse genannt. Der Schluderer Sepp, müssen Sie wissen. Er meinte, Sie hätten möglicherweise interessante Literatur für einen alten Bibliothekar wie mich. War er nicht zufällig hier?“

„Nein, nicht dass ich wüsste. Aber bitte, bitte kommen Sie doch herein, hihi! Bücherfreunde unter sich haben doch so viel zu erzählen...“

Der Mann, der da den Vinzent hereinbittet, ist ein etwas seltsamer Kauz. Schneeweiße Haare in einem wilden, wirren Durcheinander und ein altes, faltiges Gesicht machen auf den Besucher den Eindruck, ein knapp Hundertjähriger stünde vor ihm. Doch das Funkeln, der Glanz in diesen graugrünen Augen sucht ihresgleichen. Preiß folgt dem Alten, der sich wiederholt den Mund mit seinem Handrücken abwischt, in dessen Wohnung.

„Nur hereinspaziert, hihi... Werfen Sie nur einen Blick auf meine Sammlung. Ein Museum des geschriebenen Wortes sozusagen. Dies hier hat Bestand, ich kann es angreifen. In was für einer Welt leben wir denn, wo alles nur mehr über Kabel fließt, Informationen innerhalb von Sekundenbruchteilen abgerufen werden können?

Wo sich keiner mehr die Zeit nimmt, ein Buch aufzuschlagen und seine Nase hineinzustecken, zu lesen. Ich prophezeie Ihnen, dass das Geschriebene nicht aussterben wird. Denn hier, hier gibt es keinen Stecker, den Sie einfach so rausziehen können und..."

Im Hintergrund den Redefluss seines Gastgebers schaut sich Vinzent Preiß in dessen Wohnung um. Der Josef hat da wirklich einen tollen Tipp bekommen. Diese Bücher hier müssen wahrhaftig ein Vermögen wert sein. Und eine wahre Fundgrube...

„...nicht wahr? Hören Sie mir überhaupt zu? Ah, ich sehe schon, Sie sind, wie ich, kein Mann der vielen Worte. Recht so, recht so. Aber kommen Sie mal hierher zu diesem Tisch. Es ist das Geheimnisvollste, das Unerklärlichste, das mir je untergekommen ist..."

Und mit diesen Worten wird Preiß an einen wackeligen Holztisch gebeten, auf dem ein großes, verstaubtes Buch liegt.

„Ein ehemaliger Studienkollege von mir ist vor vielen Jahren ins Ausland gegangen. Er ist letzten Monat gestorben und hat mir aus seinem Nachlass dieses Werk hier geschickt. Ich sei ein Mittler, fügte er in dem beigelegten Brief hinzu. Ein Mittler wovon, fragte ich mich und begann sofort, das Buch zu untersuchen. Sehen Sie, kein Titel, weder vorn noch auf dem Rücken, auch nicht innen. Erstaunlich, seltsam, unbegreiflich, nicht? Aber mein Staunen wurde noch größer. Diese fremde Sprache, die mir so gar nichts sagte. Es ist nicht Slawisch, nicht Romanisch. Ich habe einfach keine Ahnung. Schauen Sie es sich nur an..."

Preiß beugt sich über das Buch. Was ist damit wohl anzufangen? Und von welchem Mittler ist hier überhaupt die Rede? Schon will er sich kopfschüttelnd abwenden, da zückt der Alte einen langen Brieföffner und drückt ihn Preiß an die Kehle.

„Ich sagte: Schauen Sie es sich an! Langsam setzen. So ist's gut. Und nun lesen Sie mir vor. Lesen Sie schon!"

Dieser Mann ist offensichtlich irre geworden, fährt es dem Vinzent durch den Kopf. Besser tun, was er sagt. Und während er diese unverständlichen, seltsamen Worte liest, sieht er aus dem Augenwinkel zwei blitzende, funkelnde Augen und den Schaum, der aus den Mundwinkeln dieses Verrückten quillt.

Preiß hat wirklich keine Silbe mitbekommen von dem, was er da gelesen hat, aber als er mit der ersten Seite fertig ist, lässt der Alte von ihm ab, senkt den Brieföffner und tritt langsam und zufrieden zurück.

„Haben Sie verstanden? Irgendetwas?"

Vinzent Preiß nützt die Gelegenheit, stößt den Stuhl, auf dem er gesessen hat, um und stürmt zur Wohnungstüre. Hinaus aus diesem Zimmer, hinaus aus dieser Bibliothek des Grauens. Er hört noch ein gellendes, ein schreiendes Lachen, das ihm schier das Blut in den Adern gefrieren lässt.

„Niemand versteht irgendetwas, wissen Sie? Niemand hat es verstanden. Auch nicht die Harpflingers! Aber vielleicht sollte ich es ja bei den Medien versuchen. Radio, Fernsehen. Ja, haha, ich sollte damit an die

Öffentlichkeit. Das ist es, das ist noch zu tun..."

Ins Freie stolpernd, hastet Preiß zu seinem Fahrrad und verlässt diesen Ort des Schreckens voller Entsetzen. Nach wenigen Minuten entdeckt er rechterhand eine Telefonzelle und stellt das Rad daneben ab. Josef Schluderer. Er muss ihn anrufen. Warum hat dieser Irre behauptet, er kenne niemanden mit diesem Namen. Wo doch der Josef gesagt hat...

„Ja? Hallooo?"

„Sepp, bist du das?"

„Ah, der Vinzent. Grüß dich. Verzeih, aber momentan ist's grad ganz schlecht..."

Im Hintergrund kann Preiß gellende, verzweifelte Schreie hören. Was ist dort los? Das, das ist doch die Zenzi. Ganz bestimmt!

„Sepp! Was machst du? Was ist denn mit euch? Braucht ihr Hilfe? Ist alles in Ordnung?"

Für einen kurzen Moment herrscht völlige Stille. Preiß vernimmt ein Knacken. Noch eines. Und dann meldet sich wieder der Sepp.

„Ja, ja, es ist alles... in bester Ordnung. Ich war gestern bei diesem wirren Bücherwurm in Pradl. Interessant, was der so alles hat. Und erst dieses Buch ohne Titel. Ich hab' die ersten Seiten... halt jetzt still, Weibi... ersten Seiten gelesen und überhaupt nichts verstanden. Gar nix. Aber danach hab' ich mich so frei gefühlt... so jung und..."

„Sepp?“

„Oh... jetzt ist sie tot, die Zenzi. Ui, ui, ui, was für ein Verlust, welch Tragik. Hihi! Ich hab' sie nämlich grad ein bisschen umgebracht, Vinzent, weißt du? Und jetzt musst du mich entschuldigen. Die Balkontüre ist nämlich grad offen. Dort werde ich jetzt rausgehen und dann hinunterspringen. Also, pfiat di!“

Aufgelegt. Einfach so. Ein Lächeln huscht über das Gesicht von Vinzent Preiß. Und langsam quillt der Schaum aus seinen Mundwinkeln.

6

Hoettinger Au

MITTERWEG-BLUES

Langsam rollt der Regionalzug um 12:40 Uhr aus dem Bahnhof Livorno Centrale. Und während draußen das Ligurische Meer in der Mittagshitze blaugrau schimmert, sitzt Peter Kirchmair in dem Waggon an die Scheibe gelehnt. Nur einmal noch die Küste entlangfahren, hat er sich gedacht, als er in der Früh in Neapel in den Zug gestiegen ist. Neben ihm liegen zwei italienische Sportzeitungen, über ihm der riesengroße Rucksack auf der Gepäcksablage und im Ohr hat Kirchmair südländische Canzoni. Carboni, Masini, Jovanotti. Rauchig und beschwingt, traurig, laut und unvergesslich.

Die Musik läuft warm durch seinen Körper und Peters Griff geht hinauf zu einem Buch, das in einer Seitentasche des Rucksacks steckt. „jahrzehnt ligurien" von Thomas Schafferer. Und trotz des Umstandes, dass draußen sommerliche Hitze herrscht, blickt er lächelnd auf die letzten Zeilen von „sommerliebe in wintertagen":

der winter ist ferner denn je
denn grün ist mein land, in dem ich war
und weiß ist mein land, in das ich zurückkehre
doch keine winterliebe fühle

Langsam bewegt sich der Zug aus der Stadt, fort vom Meer, in Richtung Florenz. Sehnsucht und Abschied. Kirchmair ist seit sieben Uhr Früh auf dem Weg. Es ist sein Geburtstag, an dem dieser Italientrip auf Schienen zu Ende gehen wird. Sein fünfundzwanzigster. Frei sein, das Leben genießen. Wenn alles glattgeht, ist er kurz vor Mitternacht in Innsbruck. Nur Gerry, seinen besten Kumpel, hat er informiert, dass er doch schon heute kommt. Feiern könne man morgen auch noch. Morgen.

Fort vom Meer. *Mare Mare.* Schade, sagt sich Peter,

während die hügelige Toskana draußen an ihm vorüberzieht. In Florenz, Bologna und am Brenner muss er umsteigen. Immer weiter, weiter in den dunklen Norden wird ihn der Zug bringen, so wie die zahllosen Urlauber, nebenan auf der mehrspurigen Autobahn, die sich wie eine dicke, graue Ader durch die grüne norditalienische Tiefebene zieht. Sie spulen Kilometer um Kilometer herunter, um irgendwann zuhause zu sein. In Hamburg, Amsterdam oder am Mitterweg.

Es ist bereits finster, als rechts und links von ihm die vertrauten Anhöhen auftauchen, die Berge immer steiler und höher werden und der Süden schon weit, weit hinter ihm zu liegen scheint. Ob es wohl noch warm ist draußen? Im Juni kann es am Brenner eiskalt sein, mörderisch kalt. Und es wäre nicht das erste Mal, dass droben die Bergspitzen weiß angezuckert sind um diese Jahreszeit.

Als Peter Kirchmair kurz nach dreiundzwanzig Uhr aus dem Zug steigt, fröstelt ihn. Es ist eine sternenklare Nacht am Bahnhof Brenner und der junge Innsbrucker hetzt – mit seinem Tramperrucksack auf dem Buckel – kopflos und bald schon außer Atem zum nächsten Bahnsteig. Er ist in Eile, der Zug hatte etwas Verspätung. Die Kälte fährt in seine Knochen, kriecht grausam und grinsend unter seine dünne Jacke und das hellblaue Neapel-Shirt, das dringend einmal gewaschen werden müsste.

Als sich der Zug in Bewegung setzt, befindet sich Kirchmair mutterseelenalleine im Wagen. Durch die Dunkelheit, ins Herz der Nacht schleichend, bahnt sich der Regionalexpress seinen Weg hinunter durchs Wipptal Richtung Innsbruck.

In Steinach öffnet sich die Schiebetüre des Wagens und zwei verwahrloste Männer betreten schwerfällig den Gang. Sie kommen langsam näher, blicken den alleine Reisenden abschätzig an und setzen sich. Einer neben, der andere gegenüber von Peter Kirchmair. Abgetragene Lederjacken, verschlissene, verwaschene Jeans, unrasierte, derbe Gesichter. Und ganz unvermittelt beginnen sich die zwei zu unterhalten.

„Und? Was machen wir jetzt?"

„Also ... deine Pistole kommt schon einmal überhaupt nicht in Frage. Viel zu laut!"

„Und wenn wir einen Schalldämpfer nehmen? Ich meine, so richtig wie im Film?"

„Wo willst du jetzt um halb zwölf zwischen Steinach und Matrei einen Schalldämpfer herzaubern, du Dolm? Außerdem ... gibt das im schlechtesten Falle eine Riesensauerei. So ein Hirsch..."

„Na ja, hab' ja nur gemeint..."

Kirchmair schaut etwas verwundert auf. Die zwei Männer haben wohl eine etwas zu lebhafte Phantasie. Pistolen, Schalldämpfer? Im Regionalzug nach Innsbruck? Was für ein Zeug die wohl geraucht haben?

„Aber... es ist im Grunde genommen ganz, ganz einfach. Ein Messer brauchen wir. Oder besser: zwei! Jeder von uns braucht ein Messer. Dann kann man niemandem, sollten wir doch erwischt werden, den tödlichen Stich nachweisen. Es könnte jeder gewesen sein..."

„Auch keine schlechte Idee, aber wir dürfen doch keine Spuren ... Darum müssen wir's mit einem Strick oder mit einem Tuch machen... das ist zwar nicht so lustig, dafür braucht man aber den Zug nicht generalreinigen.

Oder was meinst du, Peter Kirchmair, he? Wie willst du sterben?"

Der Angesprochene fährt erschrocken hoch. Was zum Teufel soll das? Woher kennen diese Typen seinen Namen? Während der Zug sich immer weiter der Landeshauptstadt nähert, rücken die zwei Männer hin zu Peter.

„Du hast schon richtig verstanden, Bürschchen! Du weißt verdammt noch mal zu viel. Und das werden wir ändern. Aber vorher... wollen wir noch etwas Spaß mit dir haben. Niemand wird dir helfen! Und wenn, ja, wenn die Sill deinen leblosen Körper dann irgendwo ans Ufer spült, nachdem wir dich ein kleines bisschen umgebracht haben..."

Der Mann spricht den Satz nicht zu Ende, zückt unversehens neben Kirchmair ein riesiges Jagdmesser, das im Schein der Deckenbeleuchtung unheilvoll funkelt.

„Wie passend... die Sill... sie wird dein Styx sein. Wie der Fluss, über den im alten Griechenland die Toten in den Hades kamen, ins Totenreich...!"

„W... wer sind Sie... um Gottes Willen?"

„Wer ich bin, fragst du? Ich bin dein Zerberus! Der Höllenhund, der dich..."

„Die Fahrkarten bitte!“

Die zwei Männer wirbeln herum. Kirchmair, blass wie eine Wachsfigur und unfähig, sich auch nur irgendwie zu rühren, blickt starr auf den Kontrolleur, der plötzlich mitten im Gang steht.

„Gibt es ein Problem, meine Herren?“

„Oh, nein, nein, nicht das Geringste. Wann kommt denn die nächste Haltestelle?“

„Matrei am Brenner. Wir sind gleich da, Sie sollten sich also besser beeilen. So, danke, danke sehr... wenn ich dann auch noch Ihr Ticket sehen könnte, Herr...“

„Kirchmair, Peter Kirchmair! Hören Sie, diese Männer, die wollten mich umbringen. Haben seit ihrem Zustieg davon gesprochen... Sie sind bewaffnet... Messer. Holen Sie in Gottes Namen die Polizei!“

„Aber ich bitte Sie, Herr Kirchmair! ...Wohl zu viele Krimis und Thriller gesehen? Wir wollten sowieso gerade aussteigen. Niemand will Sie umbringen, Peter Kirchmair! Niemand! Auf Wiedersehen...“

Die zwei sinistren Gestalten verlassen den Zug und Kirchmair blickt auf die leeren Sitze. Alles kommt ihm wie ein böser Spuk vor. Als er am Innsbrucker Hauptbahnhof aussteigt, ist er immer noch kreidebleich, seine Hände zittern. Nur mehr wenige Leute stehen am Bahnsteig. *Gente Della Notte*. Die Leute der Nacht. Er fährt die Rolltreppe hinunter, geht Richtung Empfangshalle. Weit weg scheinen Sonne und blaues Meer, das Entsetzen, die furchtbare Angst, stecken ihm in den Gliedern. Kein Mensch wird ihm glauben, was er da im Regionalzug nach Innsbruck erlebt hat.

Er nimmt sich ein Taxi und lässt sich nach Hause bringen. Kalte, dunkle Straßen in einer Juninacht. Am Mitterweg, auf Höhe der Exlgasse, sieht er Helmuth Schönauer, das Tiroler Literaturgestein, vor sich hinrezensierend, eine nächtliche Joggingrunde drehen. Ja, sie ist eben immer im Dienst, die Literatur. Auch zu später Stunde im Westen der Landeshauptstadt.

Kurze Zeit später steigt Kirchmair vor seinem Wohnblock aus und sucht in seiner Jackentasche nach dem Schlüssel. Das blaue T-Shirt ist völlig durchgeschwitzt, die kühle Nachtluft verursacht eine Gänsehaut. Und trotzdem, trotzdem saugt er sie gierig ein, diese klare, diese frische Bergluft, die ganz tief hinuntertaucht bis in beide Lungenflügel. Und die allen so gefehlt hat, die wieder nach Hause kommen. Nach Innsbruck. Kirchmair geht langsam die Treppen hinauf, blickt sich immer wieder verstohlen um. Er braucht eine halbe Ewigkeit, bis er imstande ist, die Haustüre aufzusperren.

Im Gang ist es stockdunkel. Peter tastet irgendwie nach dem Lichtschalter, wirft seinen Rucksack ab und schnürt seine braunen Trekkingschuhe auf. Müde und völlig erledigt betritt er das Wohnzimmer.

„Überraschung!“

Es ist eine Überraschung. Und was für eine. Im Raum stehen ungefähr ein Dutzend Leute: Mama, Papa, Schwester Sarah, Tante Rosi aus der Ampfererstraße, Onkel Luis, der immer so Mundgeruch hat, die Nachbarn, Gerry, sein Kumpel, und... die zwei Männer aus dem Zug.

Kirchmair wird mit einem Mal wieder weiß wie die Wand, spürt, wie ihn seine Beine im Stich lassen. Mit einem Satz ist Gerry bei ihm.

„He, du kleiner Italiener. Bleib... bleib stehen, du! Sorry, wir wollten dich nicht so erschrecken, aber... haben uns halt gedacht, zu deinem Fünfundzwanzigsten gibt's für dich eine echte Überraschung. Die zwei Kerle da drüben", und damit zeigt Gerry auf die verwahrlosten Typen aus dem Zug, „sind von einer Wunschagentur. Die kannst du mieten. Seeräuber, Ritter, Cowboys, Auftragskiller, das ganze Repertoire. Und es gibt noch mehr, was man sich von dieser Agentur ausleihen kann. Wirst noch sehen. Für dich als alten Thriller- und Krimifreak haben wir uns dann halt die Auftragskillervariante ausgesucht. Haha, ist doch gelungen, oder? Dein Gesicht hättest du sehen sollen, als du die zwei wiedererkannt hast ..."

Langsam fasst sich Peter Kirchmair wieder. Du meine Güte! Das darf doch alles nicht wahr sein. Die haben ihre Rolle verdammt gut gespielt, wirklich verdammt gut. Das eiskalte Bier ist auf diesen Schock hin eine echte Wohltat und der Jubilar gewinnt rasch wieder seine gesunde Gesichtsfarbe, die Bräune des Südens.

„Aber das ist noch nicht alles. Wir haben in deinem Zimmer noch einmal eine kleine Überraschung vorbereitet. Lass dir die Augen verbinden..."

Die Müdigkeit der anstrengenden Reise ist wie verflogen. Kirchmair ist neugierig, lässt sich mit einer wilden

Grimasse eine Binde um die Augen legen und dann hinausführen in den Gang, hin zum Schlafzimmer. Die Geburtstagsgäste folgen mit Tamtam und Zinnober, mit halbvollen Gläsern und falschen Gesängen.

Ja, es hätte wirklich, wirklich noch eine sehr lustige Feier werden können. Wenn nicht der Sicherheitsmechanismus der Guillotine, die von der Wunschagentur im Zimmer von Peter Kirchmair aufgestellt wurde, defekt gewesen wäre.

7

Sieglanger-Mentlberg / Reichenau / Gewerbegebiet Rossau

SCHLEIFSPUR

Es ist in Innsbruck praktisch ein Ding der Unmöglichkeit, sich aus dem Weg zu gehen. Für eine richtige Weltstadt ist dieses Fleckchen Erde eben doch zu klein und man läuft permanent Gefahr, an nahezu jeder Straßenecke jemandem zu begegnen, den man gerade jetzt eigentlich nicht sehen wollte. Notorische Dauerredner und ewige Nörgler, neugierige Nachbohrer und unbelehrbare Besserwisser, vielleicht noch in Kombination mit Mund- und Körpergeruch, knapp am Stadium der Verwesung vorbei. In diesen Momenten wünscht man sich am liebsten an den Sambesi, Orinoco oder den St.-Lorenz-Strom, aber ganz bestimmt nicht an den Inn.

Die Wahrscheinlichkeit, solchen Situationen entrinnen zu können, ist aber auf offener Straße doch deutlich höher einzustufen als in geschlossenen Räumen. Befindet man sich nämlich in Restaurants oder öffentlichen Verkehrsmitteln, ist an eine unmittelbare Flucht meist nicht sofort zu denken. Schließlich möchte man sein Schnitzel doch noch fertig essen und es ist auch nicht einzusehen, warum man wegen so einer unliebsamen Begegnung am Bahnhof aussteigen müsste, obwohl einen der Weg in die Lohbachsiedlung führt.

Der 18-jährige Markus Daxer und seine Freundin, die Huber Cornelia, haben dieses Pech, dieses unglaubliche Pech. Vom Sieglanger, wo die beiden wohnen, sind die beiden zur Haltestelle Klinik gefahren, um dort in den Bus Richtung Schule umzusteigen. Das Thermometer zeigt zentralafrikanische Temperaturen an, als sich dieser aufdringliche Mann in blauer Arbeitshose in die letzte Busreihe setzt, genau neben das Pärchen. Sie haben ihn schon öfter gesehen, die beiden, aber bislang immer das Glück gehabt, auf einer strategisch günstigen Position, also unbemerkt, zu sitzen.

„Also wisst ihr, diese Technik heutzutage! Man möchte es ja nicht für möglich halten... alles nur chip- und computergesteuert. Eine Platine defekt und schon steht das ganze System. Oder nehmt diesen Juli: Tausende Geräte wegen Überhitzung ausgefallen, streikende Klimaanlagen und Kühlschränke, die genau jetzt ihren Geist aufgeben. Die Forschung ist ein Teufel, sage ich euch und..."

Endlos. Endlos scheinen dem Markus die Minuten, während sich der Bus quer durch die Straßen quält und Markus und seine Freundin unaufhaltsam von dem quasselnden Zeitgenossen mit Verschwörungstheorien und Rückblenden in die gute alte Zeit traktiert werden. Man habe sich dem Satan verschrieben mit diesen ganzen neuartigen Geräten, meint er und deutet immer wieder mahnend mit dem Zeigefinger, so als wolle er den baldigen Weltuntergang ankündigen.

Langsam beginnt es, dieses Ziehen, dieses Stechen im Kopf von Markus Daxer. Der Kopfschmerz, der immer dann kommt, wenn er sich ärgert. Am Sillkanal dringt immer noch dieser Wortschwall an sein rechtes Ohr, permanent, unaufhörlich. Es wären doch so viele andere Sitze frei gewesen. Warum ausgerechnet...?

„Seht ihr, vor zwanzig, dreißig Jahren, da galt der Handwerker noch bedeutend mehr. Jetzt muss man ja schon ein Computerfachmann sein... gibt ja kaum noch etwas, das nicht irgendwie ohne Elektronik läuft, oder? Die alten, die herkömmlichen Geräte... habt ihr eine Ahnung, in wie vielen Wohnungen die noch im Einsatz sind? Waschmaschinen, Fernseher, Faxgeräte? Die sind... oh, Verzeihung, ich muss leider aussteigen. Hätte ich fast übersehen."

Und mit diesen Worten drückt die Nervensäge dem völlig entkräfteten Markus eine Visitenkarte in die Hand. Er sei so eine Art „Universal-Reparierer“, spezialisiert auf ältere Haushaltsgeräte, als er aufspringt und den Bus kurz nach der Sillbrücke verlässt.

„Ruf mich an. Keine Scheu! Bin sofort da, wenn du mich brauchst!“

„Was der braucht“, sagt Cornelia, nachdem der Mann in blauer Montur den Bus verlassen hat, „ist jemand, der ihn von der Bildfläche verschwinden lässt!“

Sechs Tage und ein Maturazeugnis später steigt in einem Reichenauer Lokal die große Feier. Bevor man gemeinsam nach Mallorca zur Abschlussreise fährt, lassen die Schüler noch einmal ordentlich die Korken knallen, löschen die Hitze der Nacht mit kühlem Weizenbier. Ganz Innsbruck stöhnt unter den nun schon Wochen anhaltenden Tropentemperaturen und auch der Abend, die Dunkelheit, bringt nicht wirklich eine ernsthafte Abkühlung.

Es ist halb zehn, als ein Gesprächsthema alle an den Tischen beschäftigt. Weder das Wetter auf der spanischen Insel noch irgendwelche schulischen Anekdoten sind es, über die gesprochen wird. Der grausame Mord an einem Innsbrucker Mechaniker lässt niemanden wirklich kalt.

Man diskutiert Zeitungsberichte, versucht Erklärungen zu finden, wieso ein offenbar harmloser Bürger auf derart grauenhafte Weise sein Leben verlieren musste. Und nicht wenige der Schüler blicken im Laufe des Gesprächs in einen gähnenden, tiefschwarzen Abgrund, der sie für einen kurzen Moment fast zu verschlingen droht. Dieses Böse im Menschen, das oft unkontrolliert und unerwartet ausbricht, wie ein plötzliches, furchtbares, unaufhaltsames Feuer. Beängstigend, schockierend. Und in jedem irgendwo lodernd?

Mitten hinein in die Runde ruft plötzlich ein Kellner Markus Daxer aus. Ein Telefongespräch. Es sei wichtig. Widerwillig erhebt sich der Schüler, nicht ohne sich vorher noch mit einem tüchtigen Schluck Bier zu stärken. Dann kämpft er sich durch die Menge, verschwindet aus dem Raum.

Und kommt nicht mehr wieder. Denn nach zwanzig Minuten macht sich seine Freundin, die Cornelia, doch Sorgen. Sie geht hinaus zum WC, fragt dort einen Mitschüler, der gerade leichenblass und mit unsicheren Schritten aus der Toilette taumelt, ob er Markus gesehen habe. Mit einem abwesenden Lächeln erklärt ihr Mike, dass da zwar viele weiße Mäuse auf dem Boden herumlaufen würden, aber ihren Freund... nein, den habe er nicht gesehen.

An der Bar erhält Conny die Auskunft, dass Markus gleich nach dem Telefonat das Lokal verlassen habe. Er habe es ziemlich eilig gehabt, erklärt der Angestellte. Cornelia fährt sich durch ihre langen, lockigen Haare und stürzt hinaus ins Freie.

Und sie wundert sich. Das Auto, mit dem sie und ihr Freund hergefahren sind, steht nicht mehr auf dem Parkplatz. Aber... aber wo ist Markus hin? Verwirrt läuft sie am Gehsteig auf und ab, versucht, eine Erklärung für dieses plötzliche Verschwinden zu finden.

Da läutet das Handy und der Name ihres Freundes leuchtet auf dem Display auf.

„Sag mal, was fällt dir ein, einfach so abzuhauen?"

„Hallo, hallo... Was ist denn das für eine unschöne Begrüßung?"

Es ist nicht die Stimme von Markus, die da an Cornelias Ohr dringt. Es ist eine dunkle, eine tiefe Stimme, die sie vernimmt.

„Wer... wer ist da?"

„Jemand, der es gut mir dir meint... Conny! Denn du darfst heute Nacht Schicksal spielen. Gut, nicht? Und zu diesem Zweck... wirst du dich ganz schnell zu den Fahrrädern begeben, die rechts an der Ecke stehen. Ja, ja, nicht jeder von euch hat den Führerschein und deshalb wirst du das grüne Mountainbike vom Mike nehmen. Ist er übrigens schon aus dem WC herausgekommen? Der Gute hat ja etwas mitgenommen ausgesehen..."

Was ist hier los? Wie gelähmt steht Cornelia Huber im Schein einer Laterne und hört diesem Mann zu, der da zu ihr spricht. Woher weiß er, dass der Mike ein grünes Mountainbike hat und im WC...

„Es ist nicht versperrt. Fahrlässig, grob fahrlässig in Zeiten wie diesen. Hmmm. Ich würde dir raten, auf keinen Fall die Verbindung zu unterbrechen, wenn du... deinen Freund lebend wiedersehen willst. Hast du verstanden?"

„Ich... ich..."

„Ja, ich weiß, dass das jetzt ein kleiner Schock für dich sein muss. Aber es tut mir leid, da musst du jetzt einfach durch. Wie du vielleicht bemerkt hast, verfüge ich über gewisse... Informationen, die mir dein Freund gegeben hat. Er steht gerade neben mir, kann aber bedauerlicherweise gerade nicht sprechen, weil ich ihm sein Mundwerk mit Paketklebeband verschlossen habe.

Also: Du wirst jetzt mit einer Hand das Rad lenken und mit der anderen hältst du das Handy am Ohr, in Ordnung? Gut so. Fahr jetzt auf dem Radweg in Richtung Baggersee und plaudere immer ein bisschen mit mir. So nebenbei, damit ich weiß, ob du wirklich noch da bist. Und sei vorsichtig... eine Vollbremsung würde ich dir mit diesem Fahrstil nicht wirklich empfehlen!"

Niemand im Lokal sieht, wie eine völlig verängstigte Cornelia Huber auf das Mountainbike von Mike steigt, der mittlerweile auf einer Couch in einem hinteren dunklen Winkel liegt.

Cornelia steuert das Fahrrad durch die Nacht, den Radweg entlang. Sie hat gar keine Zeit, sich der vollen Tragweite der Situation bewusst zu werden, in der sie sich jetzt befindet. Fest steht, dass ein Verrückter ihren Freund in seiner Gewalt hat, ein Spiel mit ihnen spielt.

„Lass dir im Übrigen gratulieren. Es ist nämlich das zweite Mal in dieser Woche, dass du Schicksal spielen darfst, Cornelia Huber..."

„Wie? Was... was meinen... Sie?"

„Vielleicht kannst du dich ja noch an die „Nervensäge“ im Bus erinnern. Den Mechaniker, der sich vor ein paar Tagen neben euch in die letzte Reihe gesetzt hat...“

Trotz der Anstrengung, in die Pedale treten zu müssen und das Lenkrad nur mit einer Hand festzuhalten, spürt Cornelia, wie es ihr eiskalt den Rücken hinunterläuft. Dieser Typ hat sie und Markus im Bus beobachtet.

„Ja, ich habe eure Konversation belauscht. Du wolltest doch, dass ihn jemand irgendwann ‚zum Schweigen bringt'. Das waren deine Worte. So hast du es gesagt. Ich habe es getan ... Er wird nie mehr irgendjemanden belästigen, verstehst du? Nie mehr. Das war es doch, was du wolltest. Es war dein Wille. Du warst das Schicksal und ich nur die ausführende Hand...“

„Aber... aber...“

„Was ‚aber... aber'? Schon unglaublich... von einer Sekunde auf die andere verändert sich das Leben eines Menschen völlig mit so einer Nachricht. Der Mann musste sterben, weil du es so wolltest. Und komm jetzt nicht mit Ausflüchten. Man muss sich der Konsequenz seines Handelns, seiner Worte bewusst sein, sich ihr stellen. Verantwortung, hörst du, Verantwortung übernehmen. Aber ich bin ein fairer Mensch. Ich lasse dich jetzt über das Schicksal deines Freundes entscheiden. Du bist es, die bestimmen wird, ob Markus diese Nacht überleben wird oder nicht...“

Cornelias rechte Hand umklammert den schwarzen Schaumstoffgriff des Mountainbikes. Sie hat keine Zeit zu zittern, während links neben ihr der dunkle Fluss nach Osten strömt und sie die Stimme am Telefon weiter dirigiert. In einer dunklen Seitenstraße endet die Irrfahrt durch die Nacht. Cornelia erkennt den Wagen von Markus, als ihr eine Stimme zuruft:

„Halt! Absteigen. Stell das Fahrrad am Straßenrand ab. Und komm langsam näher. Ja, gut so. Braves Mädchen. Ich hab' dir ja versprochen, dass du Markus lebend wiedersehen wirst. Bitte, hier ist er..."

Eine Taschenlampe wird eingeschaltet, der Strahl fällt auf Cornelias Freund. Wie ein Paket geschnürt, von oben bis unten mit Stricken gefesselt, steht er nur wenige Meter entfernt auf der anderen Straßenseite. Sein Mund ist mit einem braunen Paketband zugeklebt.

„Was haben Sie vor? Warum tun Sie...?"

„Dialoge wie in einem schlechten B-Movie sind das... aber mit dem Unterschied, Conny, dass wir hier keinen Film drehen, verstehst du? Hm? Und wenn du mich fragst, weshalb ich das tue, dann antworte ich dir: Weil es mir verdammt noch einmal Spaß macht, dieses Spiel mit euch zu spielen. Eure Hilflosigkeit... und trotzdem liegt alles in deinen Händen..."

„Wie meinen Sie das?"

„Du hast genau zehn Sekunden Zeit, ins Auto zu steigen und loszufahren..."

„Aber ich... ich habe doch noch gar keinen Führerschein..."

„Das ist ja der Witz an der Sache. Hahaha! Das macht das Ganze ja so hochinteressant. Aber bestimmt hat es dir Markus schon einmal gezeigt, oder? Ein kleines bisschen... Also, ich wiederhole: Du hast zehn Sekunden Zeit, in den Wagen zu steigen und loszufahren. Dann werde ich deinem Markus kein Haar krümmen. Und du kannst anrufen, wen immer du willst. Tun, was immer du tun möchtest...Wenn du es allerdings vorziehst, hier stehen zu bleiben und vielleicht die Heldin zu spielen, dann kann ich jedoch nicht garantieren..."

Cornelia weicht zurück. Weg von diesem Verrückten. Sie wird Hilfe holen. Er hat doch gesagt, wenn sie in den Wagen steigt und fährt, wird er Markus nichts antun.

„Wer garantiert mir, dass Sie die Wahrheit sagen?"

„Das ist keine Frage der Garantie, sondern eine Frage des Vertrauens..."

Die Schülerin ruft sich fieberhaft in Erinnerung, wie sie das Auto ihres Freundes zum Starten bringen kann. Nach drei Versuchen läuft der Motor und dann drückt sie das Gaspedal.

Cornelia spürt bald, dass irgendetwas hier nicht stimmt. Bereits nach wenigen hundert Metern Fahrt steigt sie unruhig aus dem Wagen. Die feuchte, schwüle Nachtluft schlägt ihr ins Gesicht, nimmt ihr beinahe den Atem. Dann sieht sie plötzlich das dünne Stahlseil, das am Heck des Autos befestigt ist. Ihre Blicke folgen dem Seil, ganz langsam. Eine Welle der Übelkeit erfasst sie. Und dann beginnt sie zu schreien.

Rasche, tiefe Schnitte, mitten ins Fleisch. Mehrmals. Das Blut. Jetzt quillt es heraus.

„Also ich könnte so ein Steak nicht essen... halb durch... uuuh!“

„Tja, Christa, ist eben Geschmackssache. Ich mag's. Aber sag, wolltest du mir nicht gerade erzählen, was da mit dem Bernhard und der Lisi gelaufen ist?“

„Was da gelaufen ist? Eiskalt abserviert hat er sie. Beinhart. Nach drei Wochen schon. Mit mir hätte er das nicht machen können. Nicht so. Typen wie den... könnte ich glatt umbringen!“

Die Sonne brennt gnadenlos auf die Straßen und Dächer Innsbrucks. Der Mann, der zwei Tische weiter entfernt sitzt, verfolgt die Unterhaltung der beiden Teenager mit einem süffisanten Lächeln. Dann beißt er genüsslich in sein belegtes Brot. Das rote Ketchup tropft auf den weißen Teller. Und ein neues Spiel beginnt.

8

Hoetting West

Galgentest in Hoetting West

Ein warmer Augustabend in Innsbruck. Mario Corazza macht sich auf den Heimweg von einem Kollegen und überquert die Bahntrasse der Mittenwaldbahn bei den Allerheiligenhöfen. Rechterhand führt ein schmaler Schotterweg, auf einer Seite von einem Zaun flankiert, zur Station, während links die Schienen in Richtung Stadt hinunter verschwinden. Nach einigen Metern biegt Corazza in den Galgenbühelweg ein. Die Sonne ist bereits untergegangen.

Corazza ist Südtiroler und stammt aus einem kleinen Dorf im Vinschgau. Er ist Ende zwanzig und in seiner Studienzeit irgendwie in Innsbruck hängen geblieben. Der phlegmatische Zeitgenosse, den seine Freunde als netten, hilfsbereiten Menschen kennen und schätzen, hat nur ein kleines Problem: Er wiegt ungefähr das Vierfache seines Alters.

Das kommt natürlich nicht von Schwammerlgulasch und Feldsalat, sondern resultiert aus einem ziemlich ungesunden Lebensstil: Zu wenig Bewegung, zu viel Fett und zwei Schachteln Zigaretten am Tag sind nicht gerade eine Kombination, die auf eine hohe Lebenserwartung schließen lässt, aber Corazzas Leitspruch „Wenn sie dir das Grabe betten, brauchst du keine Zigaretten“ ist ihm Logik genug. Und daher legt er auch keinen Wert darauf, dass sein äußeres Erscheinungsbild nicht gerade anziehend wirkt. Aber was zählt, sind ohnehin die inneren Werte. Doch just um die ist es bei dem Programmierer in einer Innsbrucker EDV-Firma aus oben genannten Gründen denkbar schlecht bestellt. Gerade will er sich genüsslich einen Glimmstängel anzünden, als er vor sich den Berger Paul sieht.

„Hallo Paul!“

Paul Berger, ein ehemaliger Vertreter und im selben Hause wie Mario wohnend, zuckt erschrocken zusammen.

„Mario! Auch noch auf nächtlichem Spaziergang?“

„*Certo.*“

„Hast du übrigens gewusst, dass der Weg da nicht umsonst so heißt? Hier ganz in der Nähe war früher einmal eine Hinrichtungsstätte. Nicht ohne Grund hat man einen Galgen oft an exponierten Orten aufgestellt... Einerseits, um durch die baumelnden Toten potentielle Verbrecher abzuschrecken. Die armen Seelen hingen oft wochenlang in der Luft herum, bei Wind und Wetter verwesend. Schauerlich. Ja, und andererseits, so habe ich mal gelesen, sollte den Todgeweihten auf diese Weise noch einmal die Schönheit der Welt vor Augen geführt werden... bevor sie sie für immer verließen.“

„Na, so gesehen konnte man damals in Innsbruck recht schön sterben. Bei diesem herrlichen Ausblick...“

„Wobei... auf diese Art der Hinrichtung hätte ich auch verzichten können. Es muss furchtbar gewesen sein. Du hängst da und weißt, dass es in wenigen Augenblicken aus sein kann. Manches Mal dauerte der Todeskampf mehrere Minuten... was muss da wohl in den Köpfen dieser Leute vorgegangen sein?“

„Wir werden es nie erfahren. Ist ja auch egal. Heutzutage stirbt man sowieso nur mehr an Verkehrsunfällen, Fettleibigkeit und Lungenkrebs... Auch eine Zigarette?“

„Nein, danke... man hat es mir... ich hab's mir abgewöhnt."

Die zwei Männer spazieren gemütlich durch diesen westlichen Stadtteil Innsbrucks, der blaue Dunst steigt gemächlich in den Abendhimmel. Und mit einem Mal ist die Adele Stecher das Gesprächsthema der beiden. Eine Mittsechzigerin, die ihnen und den anderen Hausbewohnern das Leben als militante Nichtraucherin und Hausspionin zur Hölle macht.

„Hast du gewusst", sagt der Paul, „dass die Stecher bis zu ihrem achtundfünfzigsten Lebensjahr geraucht hat? Volle Kanne. Dann hat sie einen Herzinfarkt erlitten und seitdem versucht sie jeden zu bekehren. Die alte Gurke nimmt regelmäßig Herz-Kreislauf-Tabletten. Hmmm, da müsste man ihr nur einmal einen tüchtigen Schrecken einjagen, dann..."

„Bist du verrückt? Du kannst doch nicht..."

„Ah, woher denn? Die springt herum wie eine junge Gams, schleppt ihre Einkäufe selber nach Hause... Ich hör' sie doch immer im Stiegenhaus. Nein, auf die Weise wird sie dem Petrus nicht die Hand geben. Aber trotzdem könnte man ihr einen kräftigen Denkzettel verpassen. Wart' nur, mir fällt da schon was ein."

Am nächsten Tag, es ist kurz nach 17 Uhr, macht sich der Berger Paul von der Innenstadt mit dem Bus auf den Nachhauseweg, in Richtung Hötting West. Unwillkürlich muss der ehemalige Vertreter nach wenigen Minuten Fahrt an die Oberleitungsbusse denken, die in zwei Etappen das Straßenbild Innsbrucks prägten.

Die erste Generation war von 1944 bis 1976 in Betrieb,

die zweite wurde 1988 aktiviert und trat zum Leidwesen vieler im Februar 2007 ihre letzte Fahrt an. Das hat ihn nie sonderlich berührt, denn er ist immer nur mit dem Auto gefahren. Jetzt aber, seit zwei Jahren, ist er doch auf den Bus angewiesen...

Um halb sechs schließt Berger die Tür zu seiner Wohnung auf und trinkt genüsslich ein Glas kaltes Wasser. Kurze Zeit später klopft er bei Corazza und macht, als dieser öffnet, ein spitzbübisches Gesicht.

„Ich weiß, was wir tun!"

„Na, da bin ich aber gespannt. Komm doch herein!"

Die beiden nehmen im geräumigen Wohnzimmer Platz, eine Geranie im Topf baumelt an einem Haken von der Decke, erhellt vom Schein der Innsbrucker Abendsonne.

„Pass auf, Mario! Wir werden... wir werden der Stecher einen Selbstmord vortäuschen. Jawohl, einen Selbstmord. Weißt du übrigens, auf welche Art das männliche Geschlecht vornehmlich freiwillig aus dem Leben scheidet? Während Frauen in den meisten Fällen zu Medikamenten greifen, favorisieren die Herren der Schöpfung den Strick. Tja, was soll man dazu sagen? Selbst im Angesicht des Todes bleiben die Männer offensichtlich noch Praktiker..."

Corazza blickt den Berger Paul fragend an. Dem huscht ein schurkisches Lächeln über das ganze Gesicht.

„Also, ich werde dir sagen, wie ich mir die Sache vorstelle. Du hast doch bestimmt irgendwo einen Haken an der Decke..."

„Ja, hier im Wohnzimmer. Da hängen so Geranien..."

„Perfekt! Du nimmst das Kraut herunter und befestigst stattdessen einen Strick daran. Dann stellst du einen kleinen Hocker unter die Schlinge. Du musst nur schauen, dass man diesen Hocker vom Eingangsbereich der Wohnung nicht sieht. Irgendetwas wird dir da schon einfallen. Und was glaubst du, geschieht dann?"

„Ich hab' keine Ahnung..."

„Das dachte ich mir, dass du nichts kapierst. Streng mal deinen Prozessor an und lass die Schaltkreise warmlaufen. Du bist doch so ein Computerfreak. Was könnte sich der Onkel Pauli wohl ausgedacht haben?"

Es herrscht betretenes Schweigen und Paul Berger sieht ein, dass er die Vollendung seines Planes selbst vorstellen muss.

„Du öffnest deine Haustüre einen Spalt und schaltest die Stereoanlage ein. Dann steigst du auf den Hocker und legst die Schlinge um den Hals. Ich gehe inzwischen bei der Stecher vorbei und werde ihr mitteilen, dass aus deiner Wohnung laute Musik ertönt. Na, was glaubst du, wie schnell der Drache bei dir auf der Fußmatte steht... Also: Sie wird die Tür vorsichtig öffnen und im Vorraum einen Brief am Boden liegen sehen. Einen Abschiedsbrief. Und weil sie ihre Neugier nicht im Zaum halten kann, die Schachtel, wird sie ihn lesen.

Ach, die Welt ist so grausam und ungerecht, deine Nerven liegen blank und du wirst einen Teufel tun und dich weiterhin fertig machen lassen. Deshalb hast du beschlossen, diesem wertlosen Leben selbst für immer ein Ende zu setzen..."

Gespannt hört Corazza den Ausführungen zu. Was plant der alte Fuchs bloß?

„Wenn die Stecher das Wohnzimmer betritt, sieht sie zu ihrem Entsetzen den armen Südtiroler von der Decke baumeln, leblos, mit verdrehten Augen. Natürlich stehst du die ganze Zeit auf dem Hocker, aber den bemerkt sie ja nicht. Alles, was sie registriert, ist ein Unglücklicher, der sein Leben ausgehaucht hat, sein wertloses, verpfuschtes Leben...

Also wenn es da die Schreckschraube nicht umhaut, dann weiß ich auch nicht mehr. Der Spaß, den wir beide, mein lieber Kamerad, dabei haben werden, ist mir hundert Euro wert. Na, bist du dabei?"

Tags darauf klopft es bei Adele Stecher.

„Grüß Ihnen, Frau Stecher. Tja, ich will ja nicht stören... muss gerade schnell in die Stadt... aber oben bei diesem Corazza... da hört man so laute Musik. Was weiß ich, was diese jungen Leute da oft im Sinn haben. Irgendwelche Partys oder so... Na, ich hab' gedacht, ich sag's Ihnen mal so... bis später also und noch einen schönen Nachmittag!"

Berger schreitet langsam die Stiegen hinunter, drückt die Eingangstüre auf und verlässt den Wohnblock, um ein paar Meter weit zu gehen. Ein Gewitter zieht vom Oberland heran, man kann es förmlich riechen.

Endlose, lange Minuten verstreichen. Dann hört Paul Berger die Sirene. Zuerst noch weit entfernt, kommt sie immer näher und näher. Reifen quietschen, Türen öffnen sich und werden zugeschlagen. Männer hetzen atemlos an ihm vorbei, hinauf ins Stiegenhaus, Berger, so schnell es eben nur geht, hinterher.

„… Sie sich, Frau Stecher. Sie haben ja alles richtig gemacht. Beruhigen Sie sich und nehmen Sie da drüben Platz. Wir… wir haben leider nichts mehr für ihn tun können…"

Ein Sanitäter schiebt Adele Stecher höflich auf die Seite, während der andere nur mehr den Kopf schüttelt.

„Darf ich fragen, was passiert ist? Paul Berger ist mein Name, ich wohne in diesem Haus und habe gehört…"

„Frau Stecher hat uns angerufen. Sie hat diesen armen Kerl aufgehängt gefunden. Durch sein Gewicht war es ein schneller Tod. Genickbruch. Wie verzweifelt muss ein Mensch sein, um so etwas…"

„Ach, Herr Berger, seien Sie doch bitte so nett und begleiten Sie mich in die Küche. Ich bin… bin noch ganz daneben… Könnten Sie mir freundlicherweise etwas zu trinken geben? Ich zeige Ihnen, wo wir hinmüssen …"

Die beiden gehen gemeinsam durch den Vorraum und Adele Stecher setzt sich seufzend auf die Eckbank, während der Berger Paul langsam die Türe hinter sich zuzieht. Er nimmt ebenfalls Platz.

„Wer hoch steigt, kann eben tief fallen. Aber ich muss schon sagen, Adele, deine Methoden, Raucher loszuwerden, nehmen immer extremere Ausmaße an…"

„Geschieht ihm nur recht, diesem Haubentaucher. Bis hinaus in den Gang hat man diesen Qualm gerochen. Da musste man doch etwas tun, oder?“

„Hast ja recht. Wie immer... Und er hat keine Sekunde lang Verdacht geschöpft...“

„Das war ja auch eine meisterhafte Vorbereitung deinerseits. Und ein kleiner Schubser meinerseits... Wir sind eben ein gutes Team. Das soll auch so bleiben, wenn ich dir einen guten Rat geben darf. Denn was geschieht, wenn man der Adele in die Quere kommt, hast du ja vor zwei Jahren mit eigenen Augen gesehen...“, sagt die Stecher, dem Berger Paul den Blindenstock reichend.

„... als du sie noch hattest!“

9

Amras

BESTENS PRAEPARIERT

Wir leben in einer Zeit der Inszenierung. Talk- und Castingshows, Sänger- und Kochwettbewerbe zerren tagtäglich Menschen über Menschen vor die Kamera, hinter das Mikrophon oder den Kochherd. Ein Trend, der in gewisser Weise mit der antiken Hydra vergleichbar scheint. Schlägt man einer totgelaufenen Idee den medialen Kopf ab, wachsen unversehens zwei neue nach.

Mag Innsbruck auch durch seine Lage vor mancherlei geographischem und anderweitigem Unbill geschützt sein, dem Lauf dieser Dinge kann sich auch das kleine, beschauliche Alpenstädtchen nicht wirklich widersetzen.

Bislang ist Oswald Salchner weitgehend von dieser Entwicklung verschont geblieben. Nicht, dass er es ablehnen würde, ins Fernsehen zu kommen oder seine Stimme einmal im Radio zu hören. Nein, der Oswald lebt einfach ein bescheidenes Leben, findet in der Arbeit seine Erfüllung und lässt die anderen die Hauptrolle im Fluss der Zeit spielen.

Mit seinen dreiundvierzig Jahren ist er alleinstehend, arbeitet als Buchhalter in einem Innsbrucker Großbetrieb und fährt täglich nach Feierabend mit der Straßenbahnlinie „3“ nach Hause. Ein klein wenig traurig war er schon, als die alten Garnituren nach und nach von den neuen roten Bahnen abgelöst wurden. Aber die Nostalgie musste nun einmal dem Fortschritt weichen und mittlerweile hat sich Oswald schon an die Technologie der Zukunft gewöhnt. Trotzdem schwelgt er noch so manches Mal in der Vergangenheit, wenn er im Park des nahe gelegenen Schloss Ambras seine Wochenendspaziergänge macht und immer wieder einmal auch die eine oder andere Ausstellung besucht.

So ist er dort vor vielen Jahren auf ein Gemälde aus der zweiten Hälfte des 16. Jahrhunderts aufmerksam geworden, von dem ihm gar nicht bekannt war, dass es in Innsbruck zu besichtigen ist. Das Schloss beherbergt nämlich das wohl bekannteste Porträt von Vlad Tepeş, dem historischen Dracula. Und schon oft hat sich Salchner vorgestellt, wie dieser berühmt-berüchtigte Wojwode auf seinem Ross über die weiten Ebenen der Walachei und durch die Täler und Wälder der Karpaten geritten sein mag, nicht wissend, dass sein Name einst dem berühmtesten Blutsauger aller Zeiten, der literarischen Figur des Grafen Dracula, Pate stehen würde.

Doch zurück von den Karpaten in die Stadt am Rande der Nördlichen Kalkalpen. Unweit der Haltestelle am Pradler Friedhof befindet sich Salchners kleine Mietwohnung, zweckmäßig und einfach eingerichtet. Eine Junggesellenwohnung, die wohl noch länger diesen Titel verdienen wird, denn aus Frauen hat sich der Ossi eigentlich nie wirklich viel gemacht. Obwohl er ein, wie man so schön sagt, gestandenes Mannsbild verkörpert.

Es ist ein windiger und kühler Septemberabend, als Oswald nach einigen Überstunden spät nach Hause kommt. Das bunte Laub fegt und wirbelt durch die Amraser Straße, nur noch wenige Menschen sind auf den Gehsteigen in diesem südlichen Innsbrucker Stadtteil auszumachen. Salchner sperrt die Haustüre auf und stellt seinen Rucksack ab, als plötzlich das Telefon läutet.

Seinen Festnetzanschluss möchte er aus Tradition behalten und so vernimmt er durch einen schweren, schmutzigweißen Hörer die Stimme einer freundlichen Dame, die sich als Mitarbeiterin einer Castingfirma vorstellt und Oswald freundlich begrüßt.

„Haben Sie ein paar Augenblicke Zeit für mich, Herr Salchner?"

Und nach einem zaghaften, zögerlichen „Ja" nennt die Frau am anderen Ende der Leitung den Grund ihres Anrufs.

„Wir suchen... wir suchen den ‚echten Innsbrucker' und sind dabei unter anderem auf Sie gestoßen. Was wir brauchen, was wir wollen, sind wahre und ursprüngliche Landeshauptstädter, geboren und aufgewachsen in diesem schönen Ort inmitten der Alpen, wo die Luft so klar und die Berge so hoch sind. Kernige, schneidige Burschen mit Bezug zu ihrer Heimatstadt, mit ihr fest verbunden. Sind Sie so ein Mensch, Herr Salchner?"

„Ja, also ich weiß nicht... eigentlich schon. Aber ich..."

„Na, na, na! Keine falsche Bescheidenheit, mein Lieber, denn jetzt werde ich Ihnen nämlich... ein Geheimnis verraten: Wir beobachten Sie schon seit längerem und wissen mehr über Sie, als Sie sich vorstellen können. Sie sind unser idealer Kandidat und müssen nur noch ‚ja' sagen, verstehen Sie?"

Oswald Salchner versteht, ist aber doch völlig überrumpelt von dem verbalen Angriff zu später Stunde. Doch irgendetwas in seinem Kopf sagt ihm, dass es möglicherweise eine Riesenchance ist, die ihm da geboten wird. Ein echter Innsbrucker... Ja, wahrhaftig, das wär' er schon. Bei Gott, das wäre er!

„Ich kann Ihnen versprechen, ja, ich verbürge mich sogar dafür, dass wir Sie umfassend betreuen werden, denn bei uns sind Sie in fachmännischen Händen. Und ein Auftritt im Ausland ist bereits beschlossene Sache. Nicht mehr tiefe Provinz, sondern internationales Parkett, Herr Salchner...“

Und langsam zeichnet sich im Geiste des Angerufenen das Scheinwerferlicht ab, die Kameras, das gleißende Blitzlichtgewitter und die Journalistenmenge. Die Meute, die dem echten Innsbrucker Fragen über Fragen stellt, ihm die Mikrophone gierig hinhält, mit gestreckten Armen, verzweifelt versuchend, die entscheidenden Wortspenden aufzunehmen. Ja, Oswald, du bist es, wirst es sein. Pack die Chance beim Kragen, zieh sie zu dir und nimm sie wahr. Ossi! Ossi!

„Ja, ich will!“, schreit Salchner in einer Mischung aus Verzückung und Euphorie in den Telefonhörer, den er mit stahlhartem Griff umklammert.

„Fein, Oswald, fein. Ich darf dich doch Oswald nennen, oder? Ihr Tiroler seid ja alle so herrlich locker und umgänglich. Unglaublich. Von wegen stures Gebirgsvolk! Nur Vorurteile. Wenn du also interessiert bist, darf ich dich bitten, in zehn Minuten an der Straßenbahnhaltestelle am Südring zu warten, ja?“, haucht die Dame am anderen Ende der Leitung sanft und becircend.

„W-was? So schnell schon? Aber ich bin doch gerade aus der Arbeit...“

„Wenn das Schicksal so kräftig anklopft, muss man ihm schnell und entschlossen die Türe öffnen, mein lieber Oswald! Da darf es kein Zögern und Zaudern geben!“, säuselt die Frauenstimme, kaum hörbar.

Und exakt zehn Minuten später steht er an der Haltestelle, der Oswald Salchner. Nervös steigt er von einem Bein aufs andere, die Hände in die Hosentaschen seiner Jeans gesteckt. Der kühle Wind ist stärker geworden. Eine dunkle Limousine nähert sich, bleibt vor dem Ossi stehen.

„Guten Abend, der Herr! Steigen Sie ein und machen Sie es sich gemütlich. Ein gekühlter Champagner und Salzgebäck stehen für Sie bereit!"

Ein Empfang wie für einen König, denkt sich der Glückliche und sitzt Sekunden später im Inneren des Wagens. Weiches, helles Leder schmiegt sich sanft an Salchner, der nicht glauben kann, was sich hier abspielt. In einer Konsole steht eine Flasche mit dem französischen Nobelgetränk, daneben ein kostbar geschliffenes Glas.

Runter mit dem Zeug, solange es da steht, kennt der Oswald nun keine Hemmungen mehr und gießt sich ein, bis der edle Tropfen überschwappt. Zu keiner Sekunde, zu keiner einzigen Sekunde kommt ihm der Gedanke, dass hier irgendetwas nicht stimmen könnte. Viel zu schön ist der Augenblick, sind die Aussichten auf eine goldene Zukunft. Ja, er hat es sich verdient, auch einmal auf der Sonnenseite des Lebens zu stehen, abseits von staubigen und trockenen Bilanzen. Er, Oswald Salchner. Und dann beginnen die Häuser und Straßenlaternen langsam zu verschwimmen.

„Hast du die Geburtsurkunde? Auch die seiner Eltern? Innsbrucker müssen es sein. Ich will nicht wieder das gleiche Problem wie in Wien, wo wir stundenlang nach diesen zwei Pensionisten suchen mussten, nur um festzustellen..."

„Natürlich, Chef, diesmal passt alles. Ich schwör's! Sogar den Taufschein habe ich besorgt, bei den Ministranten und in einem Gesangsverein war er und..."

„Ja, ja, glaub' ich dir. Wichtig ist, dass wir jetzt alles schnellstmöglich über die Bühne bekommen. Karl soll sofort beginnen, klar? Unsere Kunden warten nicht gerne, kapiert?"

Jedes Wort, das Salchner versteht, macht ihn nur noch verständnisloser. Von welcher Geburtsurkunde, von welchem Taufschein wird da geredet? Und warum dröhnt sein Kopf denn so? Schön langsam registriert der Oswald, wo er sich eigentlich befindet. Ausgestreckt und völlig bewegungsunfähig liegt er in einer Art Operationssaal. Zwar nicht so groß wie in einer Klinik, aber die Apparaturen und die Einrichtung lassen keinerlei Zweifel übrig. Alles spiegelt und glänzt. Aber weshalb fühlt sich sein Körper an, als sei er völlig gelähmt? Was geht hier vor? Eine Gestalt mit Mundschutz und auffallend großer Brille beugt sich über ihn. Die dunkelbraunen Augen starren ihn neugierig an.

„Na, dann werd' ich mal anfangen... Wissen Sie, es ist das Geld, das diesen Job so interessant macht. Viel Geld, das man mir geboten hat. Heutzutage ist fast alles, fast jeder käuflich, wenn einfach nur die Summe passt. Moral hin oder her, wenn die Scheine winken, kapituliert der gesunde Menschenverstand. Da können die anderen sagen, was sie wollen."

Und mit diesem Worten beginnt er eine Art Sezierbesteck vorzubereiten. Mit schnellen, fachmännischen

Handgriffen.

„Diese Leute haben alles, da spielt Geld absolut keine Rolle. Man erfüllt sich, was man sich wünscht, holt, was man haben möchte. Wir beide sind da nur kleine Statisten, glauben sie mir. Es ist so. Wirklich.

Die letzten drei haben sie übrigens alle ins Ausland gebracht. War wesentlich einträglicher. Summen sind das, die die bereit sind zu zahlen... Sagenhaft. Wirklich unglaublich. Also ich könnte mir das später nicht anschauen. Wenn ich mir vorstelle, das sind richtige... Da muss man ganz schön krank sein im Kopf, wenn man sich so etwas ansieht. Aber was soll's? Wen kümmert's? Wer zahlt, schafft an und ich... ich bin nur ein kleiner Präparator..."

10

Wilten / Vill / Igls

PAPAYA-JOGHURT UND CHIPS

Der Autofahrer ist im Grunde genommen ein Masochist erster Klasse. Und ein Tiroler Autofahrer ist ein schizophrener Masochist erster Klasse. Ist man doch noch förmlich dazu gezwungen, praktisch das ganze Jahr über Ketten mitzuführen, Eis zu kratzen und die Handbremse bis zur letzten Rasterung voll anzuziehen. Kein Wunder, sind doch die Ebenen und Flachstellen in diesem Winkel der Erde dünn, sehr, sehr dünn gesät.

Doch was ist man schon ohne fahrbaren Untersatz? Ein Nichts, ein Niemand, ein neurotischer, nichtsnutziger Zirbenwicht, ein zu Fuß gehender Almdepp, ein Fahrrad fahrender Gebirgsdolm. Und so kommt es, dass den Zapfsäulen zwischen Berwang, Ellmau und St. Jodok wohl nicht so schnell die Arbeit ausgehen wird. Keinesfalls.

Der Regen trommelt auf das Dach der Tankstelle. Wie ein dichter, nasser Vorhang, der sich immer wieder vom Nachthimmel auf die Stadt herabsenkt. Es ist ein kalter Oktoberabend in Innsbruck und Cordula Thaler knöpft sich ihren dünnen Mantel bis zur Nasenspitze zu, als sie aus ihrem Wagen steigt. Wer sie sieht, ordnet sie bestimmt in jene Kategorie von Damen, die nicht wirklich einsehen, warum man ein Auto eigentlich auch noch betanken muss. Benzingeruch, der Kopfschmerzen verursacht, schmieriger Straßenschmutz auf Karosserien, gar nicht zu reden von abgebrochenen, frisch lackierten Fingernägeln, wenn man den Tankdeckel aufschrauben muss. Selig sind die Männer, denn sie leben fern und weitab dieser Probleme vor sich hin.

Thaler tankt voll und steuert auf die Schiebetüre zu, die sich quietschend öffnet. Der Mann hinter der Kassa blickt langsam auf, als die groß gewachsene, blonde

Dame vor ihm steht.

„So spät noch am Weg heute Nacht?“

Der jungen Verkäuferin einer Mode-Boutique mit ihrem viel zu dünnen Mantel fröstelt noch ein wenig, als sie den Tankwart mustert. Aus seinem ausgemergelten Gesicht leuchten zwei stahlblaue Augen, seine Hände hat er auf den Tresen vor sich gelegt. Dunkelbraune, kräftige Hände, in deren kleinste Poren sich Schmutz und Ruß förmlich hineingefressen haben.

„Kann ich bitte zahlen?“

„...wohl nicht sehr gesprächig, Mädel?“

„Ich kann ganz gut auf mich aufpassen, falls Sie das meinen...“

„So, glaubst du das wirklich?“

Der Mann starrt Cordula Thaler mit einem durchdringenden Blick an. Plötzlich schreckt er hoch. Im Radio laufen die ersten Töne von Ryan Paris und seinem Song „Dolce Vita“.

„80er-Jahre... brutal gute Zeit. Ich hab' immer ‚Miami Vice' geschaut. Aber daran kannst du dich sicher nicht mehr erinnern. Ist ja auch schon lange her...“

Er bewegt sich nicht von der Stelle, als er, von seiner Zeitreise wieder zurückgekommen, murmelt:

„Neunzehn Euro zwanzig wären das bitte. Und du fürchtest dich wirklich nicht, so ganz, ganz alleine mit dem Auto?“

Thaler reicht ihm einen blauen Schein. Sie hat nicht wirklich Lust auf eine Konversation mit diesem Mann. Immerhin ist er alleine, das geht dann noch meistens. Übel wird es nur, wenn zwei, drei solcher Typen, eine Zigarette qualmend, ihre anzüglichen, spätpubertären Bemerkungen wie eine widerliche Soße ausgießen.

„Ich meine ja nur... Hast du nicht vom Axtmörder gehört? Hast du... oder nicht? Drei Opfer sind es schon... dem letzten hat er auf dem Rücksitz seines unversperrten Autos aufgelauert und es dann...“

Da klingelt Cordula Thalers Handy. Sie wühlt in ihrer braunen Tasche, die sie sich in irgendeinem Outlet diesen Sommer gekauft hat. Ein absolutes Schnäppchen.

„Hi! Ja, bin spät dran, aber... ich hab' noch tanken müssen... was? Nein, die DVD habe ich nicht vergessen, genauso wenig wie den Tomaten-Gurken-Saft, das Papaya-Joghurt und die fettreduzierten Chips... wie bitte? Armin hat angerufen? Der Armin aus Bregenz?“

Pausenlos vor sich hinplappernd dreht sich Thaler um, den Tankwart, der ihr kopfschüttelnd nachschaut, völlig ignorierend und marschiert durch die quietschende Schiebetür hinaus in die dunkle, verregnete Innsbrucker Nacht.

„Also, ich muss schon... jetzt hast du bald alle Bundesländer durch! Hoffentlich geht das gut mit einem ‚Gsiberger'... Was ich damit sagen will? Dass das mit dem Linzer, dem Gramartstättner und dem Köflacher auch schon nicht geklappt hat und du lieber mal einem Einheimischen die Chance geben solltest... Aber da reden wir gleich weiter, okay?"

Die Scheibenwischer leisten immer noch Schwerarbeit, als Cordula Thaler den Kreisverkehr beim Eisstadion verlässt und nach Süden abbiegt. Rechterhand ragt das neue Tivoli-Stadion, das im Jahr 2000 eröffnet wurde, in den Himmel. Die Straße hinauf nach Igls ist völlig dunkel und die Scheinwerfer leuchten auf die nasse Fahrbahn, auf der sich bereits kleine Bäche bilden. Das Auto, das hinter ihr fährt, beschleunigt, schließt dicht zu ihr auf.

„Überhol doch, Idiot!"

Doch der Wagen bleibt hinter Thaler, die mit vorsichtigen 40 km/h die Straße hinauffährt. Überhol doch, wenn du dich traust!

Plötzlich wird das Fernlicht hinter ihr betätigt. Mehrmals. Die Studentin erschrickt, schaut in den Rückspiegel. Ist der jetzt völlig verrückt geworden? Wenn sie ihm schon zu langsam ist, soll er doch vorbeifahren. Wieder! Und wieder! Dieses grelle Licht schmerzt in ihren Augen, wird noch verstärkt durch die nasse Heckscheibe. Jetzt hupt dieser Trottel auch noch!

Cordula Thaler beschleunigt ihren Kleinwagen, der gefährlich in den Kurven zu schlingern beginnt. Sie hat Mühe, auf der nassen Fahrbahn nicht die Kontrolle zu verlieren. Das Auto bleibt immer noch dicht hinter ihr und mit einem Mal ist der Verkäuferin klar, dass sie verfolgt wird.

Sie klammert ihre beiden Hände ans Lenkrad, schaut

wieder in den Rückspiegel und übersieht beinahe den Bus, der jetzt um die Kurve biegt und hinunter nach Innsbruck fährt.

Meine Güte, das war vielleicht knapp! So schnell kann's gehen... Da erfassen die Scheinwerfer eine Einfahrt in einen kleinen Waldweg. Thaler tritt auf die Bremse, unvermittelt ist der Übergang vom Asphalt auf den aufgeweichten, schmalen Forstweg, an dessen Seite sich bereits große Pfützen gebildet haben. Riesige Löcher, gefüllt mit schmutzigbraunem Regenwasser.

Nach wenigen Metern hält Thaler an und blickt in den Rückspiegel. Ihr Verfolger hat das Auto knapp hinter ihr zum Stehen gebracht, das Licht seines Wagens leuchtet unwirklich durch den Wald. Eine Tür wird aufgerissen, wieder zugeschlagen. Die junge Frau schließt den Reißverschluss ihres Mantels bis zum Kragen hoch und steigt aus dem Wagen, bleibt dicht neben ihm stehen.

„Na, junges Fräulein? So einsam und allein... im dunklen, finsteren Wald? Hast keine Angst, dass dich die Räuber holen? Ich hab' dich bei der Tankstelle gesehen. Kleine Mädchen sollten so spät eigentlich gar nicht mehr vor die Tür, hab' ich recht, hm?“

Langsam bewegt sich der Mann auf Cordula Thaler zu.

In ihrer Wohnung in Igls läuft Franziska Müller beunruhigt auf und ab. So lange kann sie doch nicht brauchen, die Cordula. Natürlich, sie ist eine vorsichtige Autofahrerin und bei solchen Verhältnissen passt sie immer ganz besonders auf. Aber schön langsam beginnt sich Franziska Sorgen zu machen. Wenn etwas passiert ist? Wenn er wieder... Man hat noch keinen einzigen Hinweis auf diesen Axtmörder gefunden, der bislang immer nur in regennassen Nächten auf bestialische Weise zugeschlagen und getötet hat. Ein Geisteskranker, ein irrer Psychopath. Was treibt einen Menschen dazu, so etwas zu tun?

Wählt er seine Opfer willkürlich aus? Beobachtet er sie vielleicht schon seit längerem? Kennt er sie vielleicht sogar? Und schafft es deshalb, so nah an sie heranzukommen?

Der schrille Klingelton ihres Handys reißt Franziska aus diesen dunklen Gedanken. Sie läuft zum Wohnzimmertisch, schaut auf das Display. Cordula!

„Cordula! Wo bist du denn? Ha, Mensch, Mädel, du hast mir vielleicht einen gewaltigen Schrecken eingejagt! Wo bleibt denn jetzt das Papaya-Joghurt? Das sollte ich doch unbedingt kosten, wegen diesem intensiven Geschmack, oder? Cordula? Cordula!“

Franziskas Stimme überschlägt sich fast vor Erleichterung, doch sie hört nur ein Rauschen, und ein... ja, etwas, das wie ein Keuchen klingt. Unruhe erfasst sie und mit einem Mal beschleicht sie etwas, das ihren ganzen Körper zu lähmen beginnt. Fürchterliche, nackte Angst.

„Cordula? Was... Mach jetzt bitte keine Witze. Du weißt, dass ich da echt keinen Spaß verstehe. Absolut nicht!“

„Alles in Ordnung, Franzi! Alles bestens. Ich... ich... mir ist nur etwas dazwischen gekommen. Bin gleich bei dir!“

Cordula Thaler wischt die blutige Axt ab, die sie anschließend wieder in ihrem Wagen verstaut. Der Regen beginnt langsam nachzulassen.

11

MUEHLAU

GUT DURCH

Sie haben ihre goldenen Zeiten längst schon hinter sich. Und würde man diese, streng meteorologisch betrachtet, als Hochsommer bezeichnen, so befänden sich Rudi Rubatscher und Klaus Steinlechner aus dem Innsbrucker Stadtteil Mühlau in ihrer jetzigen Lebensphase im späten Spätherbst.

Ja, das war noch was, als die beiden durch ganz Österreich fuhren, kreuz und quer, sich durch die feinsten Lokale und Restaurants testeten und gourmetisierten, feinspitzten und apfelstrudelten. Selbst jene Gaststätten, die nicht die begehrten fünf Sterne in der Wertungsskala bekamen, sondern nur drei oder gar zweieinhalb, durften sich über einen bemerkenswerten Zustrom an Gästen nicht beklagen. War erst einmal bekannt, dass Rubatscher und Steinlechner hier gewesen waren, rollte der Rubel in den getesteten Lokalen und die Köche und Kellner kamen arg ins Schwitzen. Und spätabends, beim Verlassen der Örtlichkeiten, füllte sich der Wagen der zwei Gourmets des Öfteren mit edlen Tropfen und allerhand sonstigen Gegenständen aus dem vorhandenen Bestechungsfundus findiger Lokalbesitzer.

Trotz oberflächlich entgegengebrachter Anerkennung konnten sich die beiden Kritiker, baumlange, schwergewichtige Exemplare ihrer Gattung, nicht richtig auf einem Sympathiebonus ausruhen: Immer wieder war da von den zwei aufgeblasenen, wichtigtuerischen Restaurantinspektoren die Rede, die sich etwaige Speisereste nach dem Essen auf dem WC aus ihren Vollbärten entfernten. Blasierte, präpotente Lackaffen, immer im weißen Hemd, nie mit weißer Weste. Auf Hochglanz polierte Schuhe, dem ausufernden Gebrauch des Haarsprays hemmungslos verfallen.

Dann erschien die junge Garde, die Routine und der feine Gaumen der beiden Innsbrucker waren mit einem Schlag nicht mehr gefragt. „Tested and approved by Rubatscher und Steinlechner“ – schon allein ihr Name stand den Zeichen der Zeit frontal im Wege und so kam es, dass der Kilometerzähler im Auto der beiden immer weniger und weniger zu tun bekam.

Zwischen Kalvarienberg und Kranebitten, zwischen Mühlau und Mentlberg – da hat man ihnen nun ihr letztes kulinarisches Revier gegeben, lässt sie Innsbrucker Gasthäuser und, wenn es gut geht, vielleicht auch noch manchmal im Tiroler Ober- und Unterland irgendeinen Schmarrn oder ein Schnitzel kosten. Rubatscher und Steinlechner. Im späten Spätherbst. Mit dritten Zähnen.

„Ob der hier rauffindet?“

„Da in Mühlau haben sogar manche Taxler Probleme...“

„Stimmt. Die Holzgasse ist ja meistens noch keine große Schwierigkeit. Aber dann... wird's happig!“

„Dasitzen und auf eine Pizza warten. Weit haben wir's gebracht, Rudi! In einer Welt, in der nur zu oft Niveaulosigkeit in der Pfanne landet und wir auf allen möglichen Fernsehkanälen mit Kochsendungen frittiert und gegart werden – in einer Panier des Geschmacklosen!“

„Was soll's? Sei froh, dass wir überhaupt noch testen dürfen. Und wenn's auch heute nur eine Pizza ist...“

„Speckknödel wären jetzt gut. Richtig deftige Speckknödel. Kannst dich noch erinnern, wie wir seinerzeit ins Außerfern in dieses urige Gasthaus gefahren sind? Das waren Knödel... mein lieber Mann... Überhaupt hat sich so viel verändert in den Jahren, auch Innsbruck selber... Die alte Hungerburgbahn fährt nicht mehr, der Inn am Flughafen wurde auch verlegt..."

Steinlechner lächelt müde, stützt seinen Kopf auf beide Hände und blickt abwesend und mit verklärter Miene beim Fenster hinaus. Er sehnt sich zurück in die glorreichen Zeiten, sieht sich in Gedanken vor edlen Gedecken und blütenweißen Tischtüchern. Klaus Steinlechner ist wie sein Kompagnon Rubatscher in Mühlau aufgewachsen. In den 60er-Jahren haben sie beide schon zusammen als Jugendliche die Mühlauer Klamm unsicher gemacht, im ehemaligen Koreth-Kino die ersten Winnetou-Filme gesehen, haben noch erlebt, wie die alte „4er" als Tram auf der Haller Straße gefahren ist.

„Aber um noch einmal auf den Speckknödel zurückzukommen: Als Tiroler bist du immer der Speckknödel. In Wien, Linz und Graz. Speck-k-knödel. Du kommst nicht aus, bist es bis an dein Lebensende. Wäre Tirol ein Planet, es wäre ein Speckknödel, hat mich einmal ein Kellner aus der Oststeiermark belehrt. Ja, Klaus, wir haben einen harten Job - Tiroler zu sein, ist eben echt verdammt harte Arbeit... da wird uns nichts geschenkt!"

„Stimmt. Und nebenbei ist es bei uns, vor allem in Innsbruck, auch brutal gefährlich... Der Inn kann ja praktisch jederzeit übergehen, die Lawinen, der Föhn..., Radfahrer in der Fußgängerzone. Man muss sich angesichts dieser Gefahren ernsthaft wundern, wie wir es schaffen, fast 120.000 Einwohner dauerhaft und ohne größere Ausfälle zu beherbergen..."

„Ja, und weil du gerade Radfahrer sagst: Da haben sie doch 2009 diesen... diesen Singletrail auf der Nordkette eröffnet. Du weißt ja, diese spektakuläre Downhill-Abfahrt für die Mountainbiker. Tja, hätten sie sich auch sparen können, denn die wahren Extrem-Radler... die fahren volle Kanne die Höttinger Gasse hinunter, gegen die Einbahn. Das gibt Nervenkitzel pur und..."

Es klingelt an der Türe. Rubatscher und Steinlechner, mit einem Male aus ihrer Diskussion und Lethargie gerissen, stürmen in den Hausflur und öffnen einem jungen Mann, der zwei quadratische Transportkartons in Händen hält, aus denen noch der Dampf munter in die Mühlauer Atmosphäre steigt.

In den Händen halten am übernächsten Tag auch unzählige Innsbrucker den Testbericht, den Rubatscher und Steinlechner über dieses neu eröffnete Lokal und seinen Zustellservice geschrieben haben. Keine gute Kritik. Nein, keine gute Kritik. Der Boden zu knusprig, stellenweise angebrannt, zu wenig Salami, fehlende Servietten – mit einem Wort: durchgefallen. Punkt.

Klaus Steinlechner macht an diesem verregneten Novemberabend noch seinen täglichen Mühlauer Verdauungsspaziergang. Kann er doch nichts dafür, wenn die keine richtige Pizza zubereiten können. Ein Wunder, dass da noch keiner von denen angerufen hat. Ist aber typisch. Die meisten Lokale, die schlecht abschneiden, melden sich auch gar nicht. Haben offenbar kein Interesse, aus ihren Fehlern zu lernen, können mit Kritik nicht umgehen.

Steinlechner bemerkt erst spät den dunklen Wagen, der ihn die längste Weile verfolgt hat und ihm jetzt, bei einer Einfahrt, den Weg versperrt. Aus dem Auto klettern drei Männer, groß und breit wie Kleiderschränke. Während Schrank eins und zwei langsam auf Steinlechner zugehen, bleibt der offensichtliche Oberkleiderschrank, ein finster dreinschauender Herr mit schwarzer Krawatte, bewegungslos stehen.

„Guten Abend. Zeit, essen zu gehen, Herr Steinlechner!"

Irgendetwas gefällt dem Klaus an der Situation nicht. Vereinzelt zischen einige Autos vorbei. Das Wasser spritzt meterweit durch die Gegend. Die beiden Männer stehen jetzt dicht neben ihm.

„Wer sind Sie? Und wohin gehen wir essen? Ich wüsste nicht, wie..."

Steinlechner wird, so schnell kann er gar nicht schauen, an den Armen gepackt und in den Wagen gezerrt.

„Schalt' die Innenbeleuchtung aus, du Trottel. Und werft dem Kochfritzen die Decke über den Kopf. Na macht schon!"

Mit ein paar kräftigen Handgriffen wird Klaus Steinlechner auf die Rückbank gedrückt und Sekunden später ist es stockdunkel.

„Wo, um Gottes Willen, fahren wir hin? Wer sind Sie? Ich verlange eine Erklärung!"

„Halten Sie den Mund. Sie werden es noch früh genug erfahren, was mit Ihnen passiert. Seien Sie unbesorgt."

Steinlechner wagt sich nicht zu rühren. Was zum Teufel wollen diese Typen? Und wohin bringt man ihn? Da geht ihm plötzlich ein Licht auf. Mit seinem vernichtenden Testurteil dürfte er sich wohl dieses Mal etwas zu weit aus dem Fenster gelehnt haben. Aber deshalb gleich eine... eine Entführung?

Nach geraumer Zeit donnert der Wagen über eine Schwelle und verlangsamt abrupt das Tempo. Dann bleibt er stehen. Türen werden geöffnet, Klaus Steinlechner förmlich herausgeschleift. Er befindet sich offensichtlich in irgendeinem Hinterhof, doch er hat keine Zeit, mehr herauszufinden. Wo ist er? Der Fahrzeit nach könnte er sich auch irgendwo außerhalb der Stadt befinden... Die beiden Gorillas zerren ihn durch einen dunklen Eingang eine Stiege hinauf und öffnen eine schwere Holztür. Hitze und Teiggeruch schlagen dem Innsbrucker entgegen, ein grelles Licht erhellt den Raum, in den man ihn jetzt bringt. Steinlechner wird auf ein langes, schmales Holzbrett gelegt und mit flinken Fingern darauf gefesselt.

„So, so, der Herr Feinspitz! Zu knusprig und etwas angebrannt war Ihnen also die Pizza? Nun, Sie werden auch gleich die Gelegenheit haben, Ihr Urteil über die Qualität unseres Pizzaofens abzugeben!"

Noch ehe sich Klaus Steinlechner auch nur einigermaßen orientieren kann, wo er hier eigentlich gelandet ist, wird das Brett, auf das er fixiert wurde, gepackt und von den beiden Muskelprotzen in die Höhe gestemmt.

„Glauben Sie, zehn Minuten sind ausreichend? Damit müssten Sie sich ja bestens auskennen, oder nicht?"

Mit blankem Entsetzen bemerkt der Mühlauer, dass er in Richtung des riesigen Ofens getragen wird. Es besteht gar kein Zweifel: Diese Verrückten wollen ihn dort hineinschieben!

„Halt! Halt... sind Sie wahnsinnig? Sie können mich doch nicht einfach so... Lassen Sie mich sofort herunter! Die Polizei wird Sie finden und Sie alle einsperren! Und auch Rudi Rubatscher... er wird mich suchen!“

Der Mann mit der schwarzen Krawatte lächelt verschmitzt. Doch in seinem Lächeln liegt etwas zutiefst Beunruhigendes. Er macht langsam ein paar Schritte auf den Ofen zu und schaut hinein.

„Ach, Ihr Kollege? Ich denke, der müsste in zwei Minuten durch sein...“

12

GEWERBEGEBIET MUEHLAU / ARZL

„Was? Was?? Wie viel verlangst du für diesen Baum?“

„Fünfzig Euro. Steht ja drauf!“

„Also, wenn ich's nicht besser wüsste, könnte man meinen, in Tirol gibt es Kernkraftwerke.“

„Wieso denn das? Bei uns wird doch bloß Wasserkraft...“

„Na, weil der Baum da ausschaut wie nach einer Reaktorkatastrophe. Und für diese ‚Staudn' möchtest du einen Fünfziger? Das sind ja Raubrittermethoden...“

„Musst ihn ja nicht kaufen, den Baum. Aber wenn du schon am 23. Dezember unterwegs bist, darfst dich halt nicht wundern, dass die Formgeschnittenen in der Größe alle schon weg sind. Ich hab' halt jetzt nur mehr einheimische Fichten...“

„Na, wenn so alle Tiroler Fichten ausschauen, dann ist's aber schlecht bestellt um unseren Baumbestand... Also, eines steht fest: Um das Geld kauf' ich mir sicher kein so ein Trumm!“

„Dann lässt du es eben bleiben. Und schöne Weihnachten!“

Mürrisch brummelnd entfernt sich der Verkäufer des Christbaumstandls. Anton Niederholzner, Autolackierer aus Arzl, steht, beraubt jeglicher Hoffnung, bis morgen jemals einen ordentlichen Christbaum zu finden, völlig konsterniert in einem Meer aus Nordmanntannen und Fichten. Leise rieselt der Schnee auf sein Haupt und nach einem kurzen Moment des Nachdenkens, der Besinnung in der stillen Adventszeit fasst der Innsbrucker einen unwiderruflichen Beschluss.

Er steuert auf seinen Wagen zu, schaltet den Scheibenwischer ein und startet. Ein Anton Niederholzner hat noch immer einen Ausweg gefunden. Die Straßen, in der Zwischenzeit weiß wie Zucker, sind stark frequentiert, alles kauft und sucht in der Stadt vor sich hin. Halb Innsbruck und der oberitalienische Raum scheinen auf Beinen und Rädern unterwegs zu sein.

Niederholzner kann Weihnachten nicht ausstehen. Die Innenstadt versucht er, so gut es geht, großzügig zu meiden, denn sie ist überfüllt mit gutgelaunten Touristen und tonnenweisem Weihnachtsschmuck. In der Altstadt schafft es beinahe keine einzige Schneeflocke, sich sanft auf das nasse Kopfsteinpflaster zu senken. Zu dicht bevölkert ist der Christkindlmarkt, seit langem schon Publikumsmagnet für die Massen, die sich, Kiachln mit Sauerkraut essend, zwischen Glühwein- und Souvenirständen durch das Herz der Stadt am Inn drängen.

Über die Grenobler Brücke, die wie die Freiburger und die New-Orleans-Brücke, nach einer Partnerstadt Innsbrucks benannt wurde, steuert Niederholzner seinen Wagen durchs Gewerbegebiet von Mühlau und Arzl und überquert die Bahnüberführung, in die die Kreuzgasse einmündet. Wenige Minuten später steht der erfolglose Christbaumkäufer vor seiner Wohnungstür.

„Und, Toni? Wo ist er denn, der Baum? Hast ihn ihm Auto?“

„Nein, noch im Wald!"

„Wie bitte? Noch... noch im Wald?"

„Hast schon richtig gehört. Ich ess' jetzt was und geh' dann einen Baum schlägern..."

Die Fini Niederholzner schlägt entsetzt die Hände über ihrem Kopf zusammen. Was ihr Mann da vorhat, ist Irrsinn. Jetzt, noch um diese Zeit? Ja, und gar nicht auszudenken, wenn er erwischt wird...

„Machst mir das Gröstl warm, ich geh' derweilen in den Keller und hol' mir, was ich brauche..."

„Aber... aber Toni...?"

Kommentarlos lässt Niederholzner seine Frau stehen, holt sich den Kellerschlüssel und marschiert die Stiegen hinunter in die Unterwelt des kleinen Arzler Wohnblocks. Die Axt mit dem dicken, blauen Isolierband, ein paar Schnüre und den Tourenrucksack. Hastig packt er alles zusammen und macht sich wieder auf den Weg in die Wohnung.

„Sag jetzt nichts! Ich hab' halt keinen Baum gefunden, keinen gescheiten. Und ohne Baum... Ja, wie stehen wir denn da vor den Nachbarn da, oder?"

„Ja, schon, aber... du kannst ja nicht einfach in den Wald gehen und..."

„Natürlich kann ich das. Und zwar möglichst rasch, damit wir morgen die Packerln unter eine ordentliche Tanne legen können. Das Einzige, was nämlich länger dauert, als einen Christbaum mit deiner Lametta zu behängen, ist ein Friseurtermin von dir..."

„Auf einen Baum gehört Lametta..."

„Ja, und so viele Kugeln, dass er an einer Schwermetallvergiftung schon vor dem 6. Jänner zugrunde geht...

Gestärkt von dem Gröstl und einem großen Bier wirft sich Anton Niederholzner in seinen Skianzug und verabschiedet sich von seiner Frau. Kaum ist die Türe zu, reißt die Fini diese jedoch nochmals auf, um ihrem Mann mit gellender Stimme ins Treppenhaus nachzurufen:

„Ach so... ja, und Anton... Anton, lass mich morgen nicht vergessen, wegen der Motivwurst mit dem Christbaum. Du weißt ja, die gehört ja zur kalten Platte unbedingt dazu..."

Die Steigung zum Arzler Dorfkern hinauf ist auch bei diesen Verhältnissen kein Problem für das Geländeauto von Anton Niederholzner. Kurze Zeit später stellt er seinen Wagen am Schießstand ab und öffnet den Kofferraum. Händereibend lächelt er vor sich hin, schultert den Tourenrucksack und stapft bergwärts die Straße entlang, die inzwischen schon mit gut und gerne zwanzig Zentimetern Neuschnee bedeckt ist. Von der Stadt herauf ist kein Ton mehr zu hören, der dichte, weiße Vorhang erstickt alle Geräusche. Die beleuchtete Kapelle weiter unten auf dem Kalvarienberg, wohl einem der schönsten Aussichtspunkte im Stadtgebiet, ist nur noch schemenhaft zu erkennen.

Niederholzner marschiert jetzt den Forstweg in den Wald hinein und aktiviert die Stirnlampe, die er über seiner braunen Wollmütze trägt. Die Nacht wird das räuberische Tun, das sinistre Werk des Innsbruckers ohnehin mit einem dunklen und gleichgültigen Mantel verdecken, aber ohne Beleuchtung wird's nichts mit dem idealen Christbaum.

Suchend stapft Niederholzner vor sich hin, der Lichtkegel streift über potentielles Nadelgewächs, das mehr und mehr mit einer weißen Schicht überzogen wird. Da! Das Herz des schurkischen Nachtwanderers schlägt mit einem Male höher, als er sieht, was ihm in der Stadt nicht vor die Augen gekommen und so lange verwehrt geblieben ist. Diese Tanne hier ist fällig, so viel ist amtlich. Anton Niederholzner wirft verzückt seinen Rucksack zur Seite, mustert den Baum noch einmal kritisch aus allen vier Himmelsrichtungen, obwohl seine Entscheidung längst schon gefallen ist. Schon holt er, im Geiste die Tanne bereits kerzengeschmückt im Wohnzimmer stehen sehend, zum ersten Schlag aus, als plötzlich eine Stimme die Waldeinsamkeit durchschneidet:

„Okay, Jungs, ihr könnt alle rauskommen. Er ist fällig, wir haben genug gesehen!“

Erschrocken zuckt Niederholzner zusammen. Hier oben hat er definitiv mit niemandem gerechnet. Eine Gruppe vermummter Männer schält sich aus dem dunklen Forst und kommt auf den Innsbrucker zu.

„Tja, schon wieder einer, der glaubt, dass er sich in unseren Wäldern selbst bedienen kann. Aber damit ist Schluss, Kollege!“

Dem Christbaumdieb, den man in flagranti erwischt hat, ist völlig klar, dass er sich nun auf ziemlich dünnem Eis befindet. Um nicht einzubrechen, beschließt er, die Flucht nach vorne anzutreten. Es ist offensichtlich, dass man ihn beobachtet hat. Und das nicht erst seit einer Minute.

„Okay, es... es tut mir leid. Ich weiß, dass das nicht gerade... gesetzeskonform ist, was ich da mache, aber in der Stadt... da gibt's überhaupt keinen gescheiten Baum mehr..."

„Du lehnst dich verdammt weit aus dem Fenster, Kamerad. Ist dir klar, dass du für diese Aktion eine saftige Strafe und Arrest, in besonderen Fällen sogar beides kassieren kannst? Ganz abgesehen von der Schadenersatzklage, die der Waldbesitzer geltend machen wird..."

„Ihr... ihr seid gar nicht die Wald... aber wer seid ihr dann?"

„Nenn' uns einfach eine Art... Interessengemeinschaft, die den Tiroler Wald schützt. Jährlich werden 40.000 Christbäume österreichweit gestohlen. Auf unser schönes Land umgemünzt sind das vier- bis fünftausend Stück. Und ich denke, die Dunkelziffer ist noch höher..."

Die Männer umringen Niederholzner langsam. Ein Umstand, der den Innsbrucker nicht gerade beruhigt. Kurz lässt der Schneefall nach und der silberne Mond bricht die Wolken auf, um das unheimliche Femegericht im Wald in ein helles Licht zu tauchen.

„Ich zahl' euch auch den Baum. Vierzig Euro... nein, fünfzig!"

„Dein Geld kannst du dir an den Hut stecken. Wir brauchen nichts. Was wir wollen, ist, ein Exempel zu statuieren. Unser Wald ist kein Selbstbedienungsladen. Schon mal was vom Schutzwald gehört? Wenn jeder anfängt, sich hier einen Baum zu holen, dann werden bald wieder die Lawinen ins Tal rauschen und dann kann man von der Höttinger Gasse gleich direkt mit den Tourenskiern auf die Seegrube marschieren..."

Während Niederholzner sichtlich nervös am Pranger steht, unterhalten sich zwei Männer im Hintergrund.

„Bin ich froh, dass ich heute die Runde mitgehe. Letztes Jahr war ich auf der Tour am 24. Dezember dabei. Heiliger Abend. Na, die Alte hat vielleicht durchgedreht. Eine Woche nichts mehr geredet mit mir..."

„Ja, Luis, aber... es ist doch für eine gute Sache... es ist ja unser Wald! Übrigens war ich gestern auf der Seegrube snowboarden. Einen Schnee hat's da gehabt, unglaublich. Und so wenig los! Alle in der Stadt einkaufen... super!"

Inzwischen merkt Niederholzner, dass ihm nun endgültig die Felle davonschwimmen.

„Ich... ich mach's auch nicht mehr. Da! Nehmts hundert Euro und lassts mich gehen...!"

„Du gehst nirgendwo mehr hin... wer hat den Rucksack mit dem Wassertank und dem Schlauch? Und wo ist die Karotte? So, du Knabe... jetzt geht's los. Wasser marsch... du wirst nie wieder eine Tanne köpfen. Die stehen nämlich, nur so ganz nebenbei bemerkt, auf der roten Liste..."

Am nächsten Morgen, es ist ein strahlend blauer Wintertag, findet ein Suchtrupp, angeführt von der Fini Niederholzner, den Wagen vom Anton einsam und verlassen auf dem Parkplatz neben dem Schießstand. Die Gruppe geht die Straße bergauf, um nach etwa zwanzig Minuten linkerhand, etwas abseits des Waldweges, auf einen riesenhaften Schneemann aufmerksam zu werden. Er lächelt fröhlich vor sich hin und die überdimensionierte Karotte hebt sich in ihrem Orange kräftig vom Weiß der Umgebung ab.

In der rechten Hand jedoch hält der Schneemann keinen Besen, sondern eine Axt, deren Griff mit einem dicken, blauen Isolierband umwickelt ist. Und auf dem Kopf sitzt eine braune Strickmütze, die dem mittlerweile tiefgefrorenen Christbaumdieb Anton Niederholzner gehört.

EPILOG

„Verzeihen Sie, meine Dame...“

„Ja, bitte, was kann ich für sie tun?“

„Ich war heute Vormittag in ihrem Geschäft und habe mir dieses Buch hier gekauft. „Innsbrucker Totentanz“. Empfehlenswert, sehr empfehlenswert. Dieser Christian Kössler hat doch noch ein Buch geschrieben...“

„Wenn sie einen Augenblick Geduld haben, sehe ich gleich im Computer nach... so, bitte sehr. Ja, richtig, es gibt noch etwas von diesem Autor... „Bestialisches Innsbruck“, der Vorgänger und gleichzeitig sein Erstlingswerk. Hätten wir sogar lagernd...“

„Na, dann nehm' ich doch dieses Erstlingswerk gleich mit. Freundliche und kompetente Beratung ist gerade in der heutigen Zeit sehr, sehr wichtig. Ihre blonde Kollegin vom Vormittag hat mir da das Richtige empfohlen. Wie hieß sie noch mal? Frau...“

„Frau Lehner! Das gab ja einen Mordsauflauf wegen ihr heute...“

„Ach, tatsächlich? Darf ich fragen, warum?“

„Eigentlich wollte sie nur kurz aufs WC... und ist dann nicht mehr aufgetaucht. Wir haben sie überall gesucht, haben auf ihrem Handy angerufen, mit Freunden und Verwandten telefoniert. Sie ist spurlos verschwunden... wie der Besitzer der Werbeagentur in der letzten Geschichte des „Bestialischen Innsbruck“!“

„Hmmm, seltsam. Seltsam und unerklärlich... Wirklich schade um das Mädchen. Sie war ja so freundlich und hilfsbereit. Aber leider hatte sie die Tendenz, sich über manches lustig zu machen. Und das kann oft böse, böse ausgehen."

Und mit diesen Worten verabschiedet sich der Kunde von der Verkäuferin. Die Frau blickt gedankenverloren auf das grüne Display der Kassa. Was hat dieser Mann da zum Schluss nur gemeint? Als sie aufblickt, hat der Fremde bereits die Buchhandlung verlassen. Zurück bleibt nur ein leichter, aber penetranter Schwefelgeruch...

„Heimat ist da, wo man sich aufhängt" heißt es bei Franz Dobler unbarmherzig genau. Und je mehr also in Innsbruck bei Umzügen und Ansprachen von der Heimat die Rede ist, umso eher wird es Zeit, sich aufzuhängen.

Die Figuren im Innsbrucker Totentanz tragen alle diese Innsbrucker Heimat-Schizophrenie in sich. Einerseits ganz weltmännisch und weltklug, andererseits ganz höttingerisch und gasseneng wanken diese Gestalten quasi wie ein geistiger Kropf durch ihre eigene Biographie. Nichts ist zu klein, dass man nicht einen fulminanten philosophischen Erguss daraus machen könnte und andererseits ist alles zu weltmännisch bieder, dass man sich nicht damit auseinandersetzen möchte.

Der Innsbrucker ist kulturell gesehen ein kompletter Mischling, er trägt aus allen Gegenden der Welt Gedankenzüge in sich und dieses Konglomerat an angelesenen und zugereisten Gedanken ergibt dann unverkennbar den Innsbrucker. Berühmt ist er für seine geröchelten Thesen, am Sonntagvormittag sitzt dieses laute Organ gerne auf Berggipfel und schreit einen sprichwörtlichen Scheiß durch die Gegend, so dass Wanderer oft kurz vor dem Gipfel umkehren, um ja nicht diesem Innsbrucker Gfrieß mit dem herausgebrüllten Satzbau in die Quere zu kommen.

Die beste Beschreibung der Innsbrucker Kulturseele liefern nach wie vor die Schlachtenbummler von Rapid Wien. Wenn es wegen der Unterklassigkeit Innsbrucks zu einem der seltenen Aufeinandertreffen mit Innsbruck kommt, lautet der Schlachtruf der Rapidler unverwechselbar eindeutig: „Innsbrucka - Oaschlecha!"

In dieser vom Sinn leicht angenagten Welt platziert

Christian Kössler seine Erzählungen. Der Innsbrucker Totentanz hat zwar verlässlich mit dem Tod zu tun, ist aber letztlich eine groteske Auswucherung der Höttinger Nudel. Die einzelnen Geschichten spielen auf jenen notdürftig zusammengeschweißten Nähten, die manchmal großspurig als Stadtteile bezeichnet werden. Für Stadtteile freilich ist Innsbruck viel zu klein und provinziell, Innsbruck ist aufgegliedert in Endstationen von Bussen. Großer Gott, Rehgasse, Mentlberg, Baggersee, Luigenstrasse. In den Gegenden rund um diese Endstationen spielen die Sequenzen des Totentanzes, die Helden erschrecken dabei oft schon wegen des gruseligen Ambientes, das verlässlich wie ein Stumpfgleis in einem Puffer endet. In Innsbruck gibt es sogar eine Stumpfstraße, die diesen endgültigen Zustand trefflich beschreibt.

Die Helden in Christian Kösslers Totentanz sind sich ihrer Gefährdung durchaus bewusst. Zwar treten sie dem ersten Anschein nach frech und trampelhaft auf, aber sie ahnen alle, dass etwas in der Luft liegt, das mehr ist, als die sprichwörtlich groteske Innsbrucker Luft. Quasi aus dem Nichts heraus entwickelt sich der Schrecken, der fast immer tödliche Folgen hat. Oft sterben die Figuren am Schrecken, oft merken sie vorerst nur, dass es zu Ende geht, ehe sie mit Schaudern feststellen, dass sie es selbst sind, die auf der Strecke bleiben.

Wie in einem Kompendium seltener Todesarten lassen die Helden der Reihe nach ihr Leben, aber man hat den Eindruck, es tut gar nicht weh. Denn auch hier gilt das Kulturkonzept des Innsbruckers, wenn schon gestorben werden muss, dann auf eine dumme Art.

Manchmal verwickelt sich die Technik und erwürgt den Menschen, dann rächen sich wieder Geschädigte auf gemeine Art an ihrem vermeintlichen Peiniger, zwischendurch ist es einfach Pech, das zum Tode führt.

Den Geschichten liegt keine Todesphilosophie zugrunde, dazu sind sie viel zu „lustig" angelegt. Im Innsbrucker Totentanz wird ausgiebig gezecht, verdrängt und blöd geredet, ehe es zum Finale kommt. Und dieses Finale ist jeweils so verrückt und einmalig, dass es letztlich nur in Innsbruck spielen kann.

In der Literatur gibt es jede Menge Totentänze, eine Zeit lang hat es so ausgesehen, als dass man das Stadtrecht nur erwerben könnte, wenn man auch einen Totentanz für die Geschichte abgeliefert hat. Christian Kössler greift diese ernste Materie auf, um darin die Innsbrucker Seele zu installieren und so der Stadt endgültig zum Stadtrecht zu verhelfen.

Innsbruck ist damit die Stadt, worin Figuren verrückt werden, das Publikum schadenfroh nickt und die Psyche ohne Knacks zerbricht, weit ab von jeder Sollbruchstelle.

Ein Nachwort von Helmuth Schönauer

Über den Autor:

Christian Kössler, geboren am 1. Dezember 1975, lebt mit seiner Familie in Innsbruck und ist an der Universitäts- und Landesbibliothek Tirol beschäftigt. Neben Lesungen in Österreich und Italien kann er bereits mehrere Einsätze im Tor des Österreichischen Fußball-Literaten-Nationalteams vorweisen.

Debüt-Werk: „Bestialisches Innsbruck" (2007, Verlag pyjamaguerilleros*)

Web: christiankoessler.twoday.net

Die Handlungen und Charaktere in diesem Buch sind frei erfunden. Jede Ähnlichkeit mit lebenden oder verstorbenen Personen ist unbeabsichtigt und wäre rein zufällig.

Die Texte dieses Buches entstanden dank eines Arbeitsstipendiums des Bundesministeriums für Unterricht, Kunst und Kultur (2009) und eines Arbeitsstipendiums des Bundeslandes Tirol (2009, Abteilung Kultur/Literatur).

Ein großes Dankeschön an das Bundesministerium für Unterricht, Kunst und Kultur, die Kulturabteilung des Landes Tirol, Dr. Andreas Rauch (Rauchmühle), Parkhotel Igls, Andrea Cammerlander und Judith Gorbach.

Ein besonderer Dank gilt Mag. Thomas Schafferer, Helmuth Schönauer, Elias Schneitter und meiner Frau Silvia.

Dieses Buch-Projekt wurde gefördert von: tirol bm:uk